JN050906

昇任試験 受かる人と落ちる人の面接回答例

第1次改訂版

地方公務員昇任面接研究会 著

学陽書房

第 1 次改訂版の刊行にあたって

「自分が面接で不合格になった理由がわからない！」

昇任試験の面接に落ちてしまった受験者から、こんな声をよく聞きます。しかし、長年、面接官として携わってきた者として言わせてもらえば、それは**受かる人と落ちる人のわずかな差（違い）を理解していないことが大きな原因**なのです。そこで「良い回答例」と「悪い回答例」を示すことで、その紙一重の違いを知ってもらおうと、本書を刊行したのは2017年のことです。

おかげさまで7年にわたり版を重ねることができました。また「合格できました」「実用的でわかりやすい」「実際の面接で活用できた」など、多くの有難い声をいただき、面接対策の定番の書籍としてロングセラーとなりました。

しかし、初版発行時から自治体をめぐる環境は大きく変わり、実際の面接試験にも変化が生じてきました。そこで、収録内容を見直し、第1次改訂版として発刊することとしました。

この間に、DXの推進、新型コロナウイルス感染症の影響に伴う在宅勤務の実施、様々なハラスメント対策の必要性、LGBTへの関心、プレイングマネージャーとしての係長への期待、人材不足における部下指導の重要性の高まりなどの変化が起きています。

係長・管理職を目指す受験者にとっては、こうした時代の変化に的確に対応することがとても重要になってきました。そして、こうした課題が面接で問われることも多くなってきたのです。

先に挙げた環境の変化を受け、新規項目として、「感染症等への対応」「DX推進」「ハラスメント」「LGBT」等を盛り込んでいます。また、最近の若い職員への指導はより困難となってきており、係長・課長とも部下指導が大きな課題になっています。部下指導については、これまで以上に面接で問われることが増えていることから、「スマホばかり操作する部下」「新人職員の育成」「クレーム対応を避ける係員」「職場で孤立している部下」といった項目も追加しました。

　改めて本書の特長を整理しておきましょう。

１　「どう答えるべきか」自分なりの戦略が立てられる

　「良い回答」「悪い回答」を読み、その違いやポイントを理解することで、自分なりの戦略を立てることができます。

２　受験者のタイプ別の傾向と対策がつかめる

　受験回数や性格、所属部署などのタイプ別に、聞かれそうな質問の傾向と対策をつかむことができます。

３　つい犯しがちなミスや失敗を回避できる

　単なる理想だけを述べてしまう、本音トークをしてしまうなど、受験者がうっかりやってしまうミス、留意点を解説しています。

　これらに加え、本書では昇任面接ならではの注意点や基本的なマナーなども網羅しています。

　本書を読み、皆さんが面接試験を突破し、昇任したポストで活躍されることを心から願っております。

著　者

CONTENTS

第1章 受験者本人に関する頻出問答例10

01 あなたの強み（長所）は何ですか ………………………… 010

02 あなたの弱み（短所）は何ですか ………………………… 012

03 これまでに最も手応えを感じた仕事は何ですか ………… 014

04 これまでに仕事で失敗したことは何ですか ……………… 016

05 どこまで昇任したいと考えていますか …………………… 018

06 現在の職場の課題は何ですか……………………………… 020

07 仕事をする上で心がけていることは何ですか…………… 022

08 自己啓発として行っていることはありますか…………… 024

09 あなたのストレス解消法は何ですか ……………………… 026

10 今回、不合格だったらどうしますか……………………… 028

第2章 「係長試験面接」の頻出問答例25

01 なぜ係長になろうと考えたのですか ……………………… 032

02 どんな係長になりたいですか……………………………… 034

03 係長と一般職員の最も大きな違いは何ですか ………… 036

04 担当業務を抱える中で、部下をどのように指導しますか …… 038

05 以前の上司で、現在は部下の再任用係員にどう対応しますか … 040

06 新人職員をどのように育成しますか……………………… 042

07 年下の上司に対してどのように接しますか……………… 044

08 業務が予定通りに進捗しない場合、どう対応しますか……… 046

09 係の良好な雰囲気づくりにどう取り組みますか……………… 048

10 係員の OJT で心がけていることはありますか……………… 050

11 他の係とどのように連携を図りますか………………………… 052

12 年度途中で急に業務が増加した場合、どう対応しますか…… 054

13 係員が「自分には無理です」と言ってきたら、どう対応しますか … 056

14 業務を抱え込んでしまう係員にどのように対応しますか…… 058

15 勤務中にスマホばかり操作する部下に、どう対応しますか… 060

16 報告や相談を全てメール等で行う係員にどう対応しますか… 062

17 メンタルに問題がある部下にどう対応しますか……………… 064

18 係員が「残業はしません」と言ってきたら、どう対応しますか… 066

19 他の係員に無関心な係員に、どのように対応しますか……… 068

20 クレーム対応を避ける係員に、どのように対応しますか… 070

21 課長を補佐する際に大切なことは何ですか…………………… 072

22 課長と意見が合わないときにどう対応しますか……………… 074

23 課長が多忙で話す時間がないときはどうしますか…………… 076

24 課長から不当な事務処理を命じられたら、どう対応しますか… 078

25 課長に業務改善を命じられたら、どのように対応しますか… 080

第3章 「管理職試験面接」の頻出問答例20

01 なぜ課長になろうと考えたのですか …………………… 084

02 どんな課長になりたいですか ……………………………… 086

03 課長と係長の最も大きな違いは何ですか ……………… 088

04 部下を指導する際に大切なことは何ですか ……………… 090

05 係長と係員が対立していたら、どう対応しますか ……… 092

06 部下が「ハラスメントです」と訴えてきたら、どうしますか… 094

07 職場で孤立している部下がいたら、どのように対応しますか… 096

08 部下が「異動したい」と言ってきたら、どう対応しますか… 098

09 部下のミスで住民への過大支給が起きたら、どう対応しますか… 100

10 LGBTの職員にどのように対応しますか …………………… 102

11 感染症等で半数の職員しか出勤できない場合、どう対応しますか… 104

12 年度途中に欠員が生じた場合、どのように対応しますか… 106

13 リモートワークやオンライン会議の導入にどう対応しますか… 108

14 業務の効率化やDX推進に、どのように取り組みますか… 110

15 議員から業者を紹介されたら、どのように対応しますか… 112

16 議員に「答弁に納得できない」と言われたら、どうしますか… 114

17 他部署の課長が協力してくれない場合、どう対応しますか… 116

18 部長からの指示に部下が反対したら、どう対応しますか… 118

19 部長に不正な事務を命じられたら、どう対応しますか……… 120

20 組合から苦情や抗議があった場合、どう対応しますか……… 122

第4章 タイプ別質問の傾向と対策

01 受験年齢が若い場合 …………………………………… 126

02 受験年齢が上限年齢に近い場合 ………………………… 128

03 受験回数が1回目の場合 ………………………………… 130

04 受験回数が2回目以降の場合 …………………………… 132

05 積極的な性格の場合 …………………………………… 134

06 消極的な性格の場合 …………………………………… 136

07 官房系職場に在籍している場合 ………………………… 138

08 事業系職場に在籍している場合 ………………………… 140

第5章 経験・熱意が伝わる回答のコツ

01 質問されたことを端的に答える ………………………… 144

02 再質問への受け答えが面接攻略のカギ ………………… 146

03 面接官が納得・同意できる内容にする ………………… 148

04 暗記に頼らず、質問に即した回答を …………………… 150

05 具体的なエピソードは面接官の心を動かす …………… 152

06 具体的な行動がイメージできる回答を ………………… 154

07 理想と現実のバランスがとれた内容を ………………… 156

08 「ありのままの自分を知ってもらう」つもりで話す …… 158

09 ストレス対応力も評価のポイント ……………………… 160

10 上司・首長・議員・職場批判は絶対にしない ················· **162**

第6章　昇任面接の基本マナー

01 清潔でシンプルな服装を心がける ························· **166**

02 入室から退室まで、所作も気を抜かない ··············· **168**

03 まっすぐ前を向き、相手の目を見て話す ··············· **170**

04 背筋を伸ばして、毅然とした態度を心がける ············· **172**

05 言葉遣いは正しく、早口に気をつける ··················· **174**

第**1**章

受験者本人に関する
頻出問答例10

係長試験・管理職試験といった試験区分を問わず、
長所や短所、実績に関することはよく質問されます。
冷静に自己分析した上で、しっかりと自分をアピー
ルできるようにしておきましょう。

あなたの強み（長所）は何ですか

Q あなたの強みは何ですか。

A 実行力だと思います。これまで、様々な職場を経験してきましたが、どこの部署でも自分なりに成果を上げてきたと思っています。たとえ困難があっても実績を残すことができる実行力、これが私の強みだと考えています。

Q 実行力を発揮するには、何が必要だと思いますか。

A 多少の困難があっても負けない、という強い心を持つことだと思います。以前、ある職場で事務改善を提案したのですが、周囲の職員は前例踏襲主義ばかりで、消極的でした。そのため、1人で連日残業して事務改善案をまとめ、係に提案しました。

Q 結局、その提案は受け入れられたのですか。

A 残念ながら、その提案は採用されませんでした。係会で話し合ったのですが、消極的な意見ばかり出されて、反対されました。しかし、係長からは「積極的で良い」と言われました。

ここが イマイチ 😖

この受験者が思っている強みとは、非常に主観的であり、客観性に欠けています。本当に実行力があるというのであれば、実際に事務改善が図られたという客観的な実績が必要です。

Q あなたの強みは何ですか。

A 私の強みは要領がいいことです。課題のポイントを的確に把握し、物事の優先順位など周囲の状況をふまえて処理することができます。

Q 「要領がいい」とは、「いい加減」ということではないですか。

A 確かに、「いい加減」と見られることもあるかもしれませんが、言い換えると、「ツボを押さえるのが得意」ということです。仕事の要点や勘所を的確に把握し、効率的に事務が執行できると考えています。

Q これまでにその強みはどのように職場で生かされたのですか。

A 一度に多くの事務を処理しなければいけなかったときも、緊急性や重要性をふまえて処理をしました。新型コロナ対応の給付金事務では一時期、現場が混乱しました。その際、事務の優先順位付けを行い、それぞれ工程表をまとめ、係に提案して採用されました。係長からも、「ポイントが明確でわかりやすい」との言葉をいただきました。

ここが**ピカイチ** 😊✨

強みの内容が明確です。また、強みの具体的な事例があることから、面接官にも説得力を持って説明できています。さらに、「いい加減」ではないかとのつっこみにも、上手に対応ができています。

02 あなたの弱み(短所)は何ですか

\ NG /
×
悪い回答例

Q あなたの弱みは何ですか。

A 私の弱みは、優しすぎるところです。よく友人からも、「人から頼まれると、断れない性格だよね」と言われますが、確かに自分でもそのように感じます。職場でもよく周囲の人から、「仕事を手伝ってくれませんか」と頼まれます。

Q 自分の仕事が終わらないときに、他の職員から仕事を頼まれたら、どうするのですか。

A 自分の仕事を後回しにしてでも、手伝うように心がけています。その職員が困っているのですから、少しでも私が役に立てば良いと思っていますし、他の方からも感謝されています。

Q そうすると、自分の仕事はどうするのですか。

A 17時以降に残業したり、土日に出勤したりして対応しています。私はまだ独身なので時間もありますし、残業もそれほど苦ではありません。このため、他の方を助けるように心がけています。

ここがイマイチ 😵‍💫

性格の良さのアピールだとしても、残業や休日出勤となると組織人としては問題です。係長や課長などの管理監督者は、いかに効率良く組織として成果を上げるかが問われています。

Q あなたの弱みは何ですか。

A 私の弱みはせっかちなところです。目の前にある業務や、依頼された仕事はできるだけ早く処理しないと気が済みません。ただ、業務そのものは早く処理できるので、事務の積み残しということはあまりありません。

Q せっかちな性格が原因で、何か失敗したことはありますか。

A 事務的なミスがたまにあります。起案文書の誤字脱字や、作成した資料の集計ミスなどを、係長から指摘されることがあります。

Q 失敗を防ぐために、工夫している点はありますか。

A 係長へ資料などを提出する前には、必ず他の職員に1回チェックしてもらうようにしています。資料の作成者は、なかなか自分ではミスを見つけられず、第三者のチェックを受けることが有効だということを学びました。これにより、ミスも大幅に減るとともに、係内で相互のチェック体制を構築することができ、事務改善も図れたと思っています。

ここが **ピカイチ** 😊✨

「せっかち」という弱みは、「業務を早く処理できる」という強みの裏返しであることをアピールできています。また、「係内の相互チェック体制の構築」という事務改善を行った実績も効果的なポイントです。

これまでに最も手応えを感じた仕事は何ですか

Q これまでに最も手応えを感じた仕事は何ですか。

A 地域振興課に在籍していたときに、新しいイベントを開催したことです。毎年開催している市民まつりで行っているイベントは、例年ほぼ同じ内容でマンネリと言われていました。議会でも新しいイベントの必要性を質問されていたのですが、私が在籍していたときに、実行することができました。

Q 実際に、あなたはどのような役割を担ったのですか。

A 新規イベントの企画立案は、同じ係の主査が行ったのですが、私はそのフォローを行いました。言われた資料を作成したり、会場の予約をしたりと主査の指示に従いました。また、新規イベントに消極的だった職員に声かけを行うなど、コミュニケーションの活性化にも努めました。

Q その業務のどんな点に手応えを感じたのですか。

A 多くの人がイベントに参加したので、手応えを感じました。

ここがイマイチ

この受験者が、具体的にどのような役割を果たしたのかが明確ではありません。単に主査の指示に従っていただけのように感じます。また、最後の回答も受験者にとって何が手応えなのかが不明確です。

\ OK /

◯ 良い回答例

Q これまでに最も手応えを感じた仕事は何ですか。

A 「高齢者保健福祉計画」の作成にあたり、市内各地で開催した住民説明会です。私は担当者として「計画案」の説明を行いましたが、各地で住民の方から多くの意見や苦情をいただき、住民対応について学ぶことができました。

Q 具体的にどのような「学び」があったのですか。

A 最も印象的だったのは、「計画案」に全く関係なく、ただ市に対して文句を言いに来た方への対応です。その方は、日頃から市への不満がたまっていて、説明会でもそれを延々と話していました。最初は、本当に困り、言い返そうと思ったのですが、係長から「しばらくは聞いていた方が良い」と助言を受け、傾聴に努めました。すると、少しずつ収まっていき、私の話にも耳を傾けてくれるようになったのです。

Q その経験を、今後はどのように生かせますか。

A 様々な考えや思いを持つ住民一人ひとりに寄り添う気持ちで対応することで、市民視点の行政の実現に生かしていきたいと考えています。

ここがピカイチ 😊✨

話している内容が非常に具体的で、面接官にもイメージしやすいものとなっています。また、クレーマーのような市民ともわかり合えたという客観性もあり、説得力があります。

04 これまでに仕事で失敗したことは何ですか

\ NG /

悪い回答例

Q これまでに仕事で失敗したことは何ですか。

A これまでに大きな失敗をしたことはなく、概ね順調に仕事をしてきたと思います。資料の間違いや文書の誤字脱字などの事務的な小さいミスはありますが、大きな失敗はしていないと思います。

Q では、窓口などで住民から注意されたり、怒鳴られたりしたことはありますか。

A 以前、保育課に在籍していた際、保育園に入園できなかった母親から、「なんで、うちの子は入れないんですか」と言われたことがあります。そのときは、入園基準や指数について説明したところ、「説明が事務的で冷たい」とか「保護者の立場がわかっていない」と抗議されましたが、上司がフォローしてくれました。

Q その経験をどのように捉えていますか。

A 市民にはいろいろな考えの人がいて、説明してもわからない人もいるのだと痛感しました。

ここがイマイチ 😣

そもそも「仕事で失敗したことがない」と考えていることが問題です。失敗を失敗と認識し、その上で次にどう生かすのかが質問の趣旨であり、人のせいにするのは論外です。

\ OK /

○ 良い回答例

Q これまでに仕事で失敗したことは何ですか。

A 係長から頼まれていた資料作成を、すっかり忘れてしまったことがあります。私はパソコンが得意なので、それを見込まれて係長に資料作成を依頼されたのですが、「それほど時間はかからないだろう」と甘く考えて後回しにしたため、すっかり依頼されたことを忘れてしまう失敗がありました。

Q その後、どのように対応したのですか。

A 資料作成の締切当日に、係長に「あの資料できた？」と聞かれ、慌ててそれから資料を作成しました。結局、完成したのは17時過ぎになってしまい、係長にお詫びしました。

Q その経験から何を学びましたか。

A 1つは、「TODOリスト」の作成です。処理すべき事務は必ず紙に書いてリストアップし、机の上に置くと、すぐに目につくので、作業のし忘れがなくなりました。もう1つは、どんな仕事でも軽視せず取り組む姿勢です。得意や不得意に関係なく、期間や事務量の明確化を心がけるようになりました。

ここがピカイチ 😊✨

失敗のエピソードの内容、それをふまえた教訓などが明快で、面接官にとってわかりやすい内容になっています。失敗を具体的にどのように次に生かすのかという姿勢が重要です。

Q どこまで昇任したいと考えていますか。

A できるだけ昇任したいと考えています。今回は係長選考ですが、係長にとどまらず、課長、部長、できればその上も目指していきたいと思います。

Q なぜ、そこまで昇任したいのですか。

A やはり、ポストが高ければ高いほど、仕事のやりがいも大きくなりますし、部下も増えます。権限が大きくなればなるほど、人からも尊敬され、給料も増え、満足度が高いと思います。

Q ポストが高くなればなるだけ、責任も増えると思うのですが、その点についてはどのように考えていますか。

A 確かに、ポストが高くなると責任も増えますが、実際にはそれほど大変なことではないと思います。例えば、部下が失敗したために、上司が謝罪するケースがありますが、それも回数としてはそんなに多くないと思います。

ここが イマイチ 😖

「出世＝偉い」、つまり自分が偉くなることばかり考えていて、ポストの重要性や責任の重さに対する認識が欠如しています。これでは、本当に昇任させて良いのか、面接官も不安になってしまいます。

Q どこまで昇任したいと考えていますか。

A 現在のところは、今回の係長選考のことだけで、この先のことはあまり考えていません。

Q 課長や部長に魅力を感じないということですか。

A いえ、魅力を感じないということではなく、想像できないというのが本音です。まだ自分は一般職員なので、課長や部長に必要な視点が何なのか、よくわかりません。まずは係長になって、課長を補佐する中で、課長がどのような点に注意して仕事をするのか、学んでいきたいと思います。

Q どのような気持ちになったら、あなた自身が管理職を目指すと思いますか。

A 仕事のやりがいはもちろんですが、課長というポストが自分に向いていると判断したときは、管理職を目指すと思います。役所にはいろいろなポストがありますが、人によってポストの向き不向きもあるように思います。今回、係長選考を受験したのは、何とか自分でもできるのではないかと考えたからで、管理職についても同様に考えています。

ここがピカイチ 😊✦

「課長や部長になりたい」と言っていないことが良いのではなく、自分の言葉で冷静に分析している点が評価できます。もちろん「課長や部長になりたい」と言う場合も、明確に説明ができればOKです。

現在の職場の課題は何ですか

＼ NG ／
× 悪い回答例

Q 現在の職場の課題は何ですか。

A 現在の職場には、あまり大きな課題はなく、順調だと考えています。ただ、強いて言えば、職員が前例踏襲主義で、事務改善や新たな取組みに消極的なところがあると思います。

Q 具体的には、どのようなことが問題なのですか。

A 例えば、予算要求を行う際に、係会において全員で検討するのですが、あまり係員から活発な意見は出てきません。私はできるだけ、いろいろな改善を提案するようにしていましたが、多くの職員が変化を好まず、大体例年通りの予算要求になってしまいます。

Q そうした状況の中で、あなたはどう行動していますか。

A 先ほども申し上げた通り、以前はいろいろと意見を言っていたのですが、係長も含め、係全体に改善の意欲が見られないので、今は諦めています。

ここがイマイチ 😫

そもそも「職場に課題がない」と答えていることが問題です。課題のない職場などありません。課題を認識していないこと、また周囲の職員の悪口を言うだけで、何もしない受験者の態度は論外です。

Q 現在の職場の課題は何ですか。

A 私が思う最大の課題は、前例踏襲主義の職員が多く、あまり新たな取組みを行わないことです。

Q 具体的には、どのようなことが問題なのですか。

A 例えば、予算要求を行う際に、係会において全員で検討するのですが、以前はあまり活発な意見は出ませんでした。そこで、私は「ダメでもともと」のつもりで、なるべく多くの意見を言うようにしています。このため、今年の予算要求の際には、他の職員も少し意見を言ってくれるようになり、新たな予算要求も行いました。

Q なぜ前例踏襲主義の職員が多いのでしょうか。また、そのような職員にはどう対応すべきでしょうか。

A 失敗を恐れていることが最大の理由だと思います。従前通りでやっていれば失敗はないため、職員は「守り」に入ってしまいます。しかし、それでは不断の見直しが行われず、住民ニーズに対応しなくなってしまいます。私は、このようなことを説明するとともに、職員の意見を聞くように心がけています。

ここがピカイチ 😊✨

内容としては「悪い回答例」と同じです。しかし、課題を認識している点、またその課題に対して考えて、行動している点が異なります。面接官が職場の様子を具体的にイメージできる点も GOOD です。

07 仕事をする上で心がけていることは何ですか

\ NG /

悪い回答例

Q 仕事をする上で心がけていることは何ですか。

A 周囲の職員と仲良くすることです。仕事は1人でできるものでなく、チームで行うものです。他の職員とのコミュニケーションが上手くいっていなければ、十分な成果を残すことはできません。だからこそ、人間関係を重視しています。

Q 仕事を進めていく上で、他の職員と意見がぶつかったり、考えが違ったりするときはどう対応するのですか。

A そうした際には、自分が身を引くようにしています。やはりチームの和が一番大事ですから、自分が引くことでまとまれば、それで良いと思います。

Q もしあなたが係長になったとして、自分の係で係員同士の意見がまとまらなかったらどうしますか。

A やはり係員同士が納得して仕事を進めるのが第一ですから、結論が出るまで待ちたいと思います。

ここがイマイチ 😣

管理監督者に必要なリーダーシップが感じられず、面接官は不安を覚えてしまいます。もちろん、職員間のコミュニケーションも大事ですが、リーダーシップを発揮することも責務の1つです。

\ OK /

◯ 良い回答例

Ｑ 仕事をする上で心がけていることは何ですか。

Ⓐ 組織として確実に成果を残せているかを、常に自らに問うことです。

Ｑ それは、具体的にどういうことですか。

Ⓐ はい、普段仕事をしていると、定例的な業務に追われることがよくあります。そんなとき、自分では集中して仕事をしているつもりであっても、実際は大した成果が出ていなかったり、時間を浪費してしまったりしていることが、よくあります。このため、折に触れて「確実に成果を残せているか」を自分に問うようにしています。

Ｑ 成果が出ていないと判断したときは、どう対応するのですか。

Ⓐ いったん、行っている作業をやめます。そして、改めて自分の仕事の内容や優先順位などを考え、着手すべき業務や手を付ける順番などを考え直します。また、自分の仕事だけでなく、係の業務としてもムダがある場合には係会で問題提起するようにしています。

ここが ピカイチ 😊✨

常に冷静に成果の分析を行っている点は、高く評価できます。管理監督者としては、常に係や課としての成果が求められます。そのため、チームの成果という視点を持つことは極めて重要です。

Q 自己啓発として行っていることはありますか。

A 恥ずかしながら、特に自己啓発は何もやっていません。専門学校や通信教育もやっていませんし、特に個人的に勉強していることもありません。これではいけないと思うのですが……。

Q では、職場で回覧される専門誌とか業務に関連したテレビ番組などを見ることはありますか。

A 現在の職場は福祉関係なのですが、職場では介護や障害者福祉など、様々な専門誌や刊行物が回覧されています。あまりじっくり読み込むことはなく、ぱらっと全体を見渡す程度です。また、業務関連のテレビ番組も、ニュースや報道番組で見るくらいです。

Q これまでもあまり自己啓発は行ってこなかったのですか。

A はい。学生時代から勉強はあまり好きなほうではなく、「自己啓発としてこれをやった」というものは、特にありません。

ここが イマイチ

「何も自己啓発をしていない」という答えは、面接としては適切ではありません。自己啓発はなにも学校などに通うことなどではなく、読書、新聞、テレビなどでの情報収集でも十分その対象になります。

Q 自己啓発として行っていることはありますか。

A 自己啓発としては、主に読書をしています。また、職場で回覧される各種印刷物で、業務に関連する業界や他の自治体の状況を把握しています。さらに、テレビやインターネットによる情報収集や、研修や講演会への参加も行っています。

Q かなり幅広く行っているようですが、最も役に立っているのはどれだと思いますか。

A やはり読書だと思います。私は本が好きで、よく書店に行くのですが、その際に、現在の担当業務に限らず、幅広いジャンルの本を購入するように心がけています。特に、歴史に関する本は、大変勉強になります。

Q 実際に参考になった例を教えて下さい。

A 最近、司馬遼太郎の『坂の上の雲』を読みました。明治期の話なのですが、当時の人達がどのように判断し、行動したのかというストーリーは、リーダーシップを知る上で勉強になりました。今後、係長になったときに参考になると感じました。

ここが **ピカイチ** 😊✨

実は、「悪い回答例」と内容はそれほど変わらないのですが、読書を自己啓発に位置付けて説明しています。読書の有効性を述べ、自己啓発の一環であることを明快に伝えています。

＼ NG ／

✕ 悪い回答例

Q あなたのストレス解消法は何ですか。

A 特に、これといった解消法はありません。強いて言えばお酒を飲みに行って、一緒にいる人達と話して盛り上がることです。そうすると嫌なことも忘れて、すっきりします。

Q お酒を飲む機会は、結構多いのですか。

A はい、職場の仲間や同期の人間と、よく飲みに行きます。平均すると、週に２、３回くらいでしょうか。いろいろな人の話を聞けますし、気のおけない仲間との時間は、とても楽しいです。

Q お酒が原因で失敗したことはありますか。

A 恥ずかしいのですが、たまにあります。時折飲みすぎてしまい、記憶を失ってしまうことがあり、どうやって家に帰ったのか、覚えていないこともあります。翌日、妻に怒られて、反省します。

ここが イマイチ 😣

ストレス解消法は、意外によく質問される内容です。「ストレス解消法はお酒」という人もいると思いますが、あくまで昇任試験の面接ですので、「記憶を失う」といった発言は面接官に不安を抱かせます。

Q あなたのストレス解消法は何ですか。

A 私のストレス解消法は、仲の良い友人や職場の同僚などと話すことです。食事会や飲み会などに行き、いろいろと話し合うと、ストレスを発散できます。

Q お酒を飲む機会は多いのですか。

A はい。お酒を飲む機会も結構あります。同僚とは、業務中には話題にならないことなども話すので、いろいろと楽しいです。自分の話を聞いてもらえるだけでなく、相手の意外な一面を知ることもできるなど、思わぬ発見もあります。また、こうした場は、職場の連帯感を高めるというメリットもあると思います。

Q お酒で失敗したことはありますか。

A 恥ずかしいのですが、あります。やはり飲み会で盛り上がって、ついつい飲みすぎてしまい、つらくなることがあります。そのため、お酒の量をセーブしたり、たくさん飲むのは翌日休みのときだけにしたりと、自分なりのルールを設け、気をつけながら楽しんでいます。

ここがピカイチ 😊✨

仲間との飲み会が内容ですが、単に話をストレス発散して終わりにしていません。「連帯感を高める」などのメリットについても述べるとともに、人柄が何となくわかるエピソードも入り、効果的です。

＼ NG ／
×
悪い回答例

Q 今回、不合格だったらどうしますか。

A 今回の受験は初めてではなく、実は昨年も不合格でした。2年連続で不合格となると、さすがに恥ずかしいので、来年受験するかどうかは、悩んでしまうと思います。

Q それは、もう来年は受験しない可能性もある、ということですか。

A はっきり決めているわけではありませんが、何回も不合格というのは、周囲にも、家族に対しても恥ずかしいので、もう受験しないかもしれません。

Q そうすると、今後はずっと主任のままでいるということですか。

A 試験に合格できないのであれば、そうならざるを得ないと思います。残念ですけど、主任のままでいるしかありません。……あの、こういうお話があるということはもう不合格で決まりということですか。

ここが イマイチ

面接官からの「不合格だったらどうしますか」という質問は、受験者が本当に昇任したいのかという意欲を見ているのです。それなのに、このように意気消沈してしまっては、意欲が疑われます。

\ OK /

◯ 良い回答例

Q 今回、不合格だったらどうしますか。

A 不合格になることはあまり考えず、今年は合格できるよう準備したつもりです。ただ、仮に今年も不合格だった場合は、また来年頑張りたいと思います。

Q 2年連続で不合格だったら、落ち込んでしまいますか。

A 確かに落ち込むと思います。ただ、落ち込んでいるだけでは、前に進めません。どんな点が良くなかったのか、もう一度自己分析をした上で、来年の試験に向けて準備したいと思います。

Q もう受験を諦めて、ずっと主任のままでいるということはないのですか。

A やはり来年も受験したいと思います。自分が係長になったとしても、市にどれだけ貢献できるかはわかりませんが、全力を尽くしたいと思っています。また、係長になれば、もう少し広い視野で行政の事務に従事でき、自分自身も人間的に成長できると思っています。このため、今年不合格だったとしても、諦めずにまた来年頑張りたいと思います。

ここがピカイチ 😊✦

「今年不合格だったとしても、来年もまた頑張って受験します」という意志は、面接官の心にも響きます。また、会話の中で「係長になりたい」という思いも十分に伝わってきます。

第 **2** 章

「係長試験面接」の
頻出問答例25

本章では、部下指導や上司の補佐、係のマネジメントなど、係長試験での頻出質問をピックアップしました。係長の立場で考え、自分ならどうするかを明解に答えられるようにしましょう。

なぜ係長になろうと考えたのですか

Q なぜ係長になろうと考えたのですか。

A そろそろ適齢期だと考え、係長選考を受験しました。私の同期も既に何人か試験に合格し、実際に係長になっている者もいます。現在の職場でも、若手でなく中堅になっており、受験すべき時期にきていると考えました。

Q 周囲の人が受けているから、自分も受験したということですか。

A そうです。妻からも「もう、他の同期も合格しているのだから、あなたもいい加減受験しなさい」と怒られています。役所の中でもそうですが、近所の目もありますし、係長にならないと恰好もつかないかなと思っています。

Q 係長になって、どのようなことがしたいですか。

A 特に「これをやりたい」という具体的なものはありません。係長になると部下を持ちますので、皆さんと上手くやっていければと思っています。

ここがイマイチ 😖

係長の志望理由が消極的です。確かに、本音としては「同期も合格しているし、自分もそろそろ係長にならねば」という思いだとしても、それを正直に言うのは、面接の答えとしては適当ではありません。

Q なぜ係長になろうと考えたのですか。

A 現在の一般職員とは別の視点から、仕事をしてみたいと思ったからです。これまで3つの職場を経験し、いろいろな経験をさせていただきました。しかし、やはり一般職員にできることには限界があります。これからは、係長として係を運営する立場で新たに業務に従事したいと考えたので、志望しました。

Q なぜ係を運営する立場になりたいのですか。

A 一般職員は、基本的には指示された業務を行うことが中心です。しかし、係長になると課長を補佐して意思決定に関わったり、他の部署と折衝を行ったりするなど、仕事の幅が広がります。また、部下指導という人材育成も大事な業務です。私もこうした業務に従事することで、できる仕事の幅を広げていきたいと思っています。

Q 仕事の幅が広がると何が変わるのでしょうか。

A やはり、これまでとはやりがいが違うと思います。また、業務の難しさや責任が増す分、達成感や手応えも確実に大きくなると思います。

ここが**ピカイチ** 😊✦

なぜ係長になりたいのか、志望理由が明確です。係長になったら具体的に何をするのかも述べており、面接官も昇任後の姿がイメージでき、説得力のある答えになっています。

Q どんな係長になりたいですか。

A 課長から信頼される係長になりたいです。係長として係を上手くまとめるのはもちろん、課長をサポートすることも係長の大事な役割です。課長は課全体の視点で考えていますので、課長の業務がスムーズにいくように課長を全力でサポートしていきます。

Q 例えば、課長との間で意見が食い違うようなときは、どのように対応しますか。

A 当然、課長の指示に従います。課長は係長の上司になりますので、上司の指示に従うのは当然です。

Q 課長の意見が常に正しいとは限らないと思いますが、必ず従うのですか。

A 確かに、課長の判断が間違うこともあるかもしれません。しかし、やはり課長は自分よりも経験豊富ですし、何よりも自分の上司です。ですから、まずは上司の指示に従うことが第一です。

ここが イマイチ 😣

「係長は、必ず課長に従わなければならない」という偏った考えを持っているように見えます。基本的に上司に従うのは当然ですが、疑問があれば議論することも、係長として重要な職責の１つです。

Q どんな係長になりたいですか。

A まずは、きちんと係の実績を残せる係長を目指したいと思っています。

Q それは、具体的にどのような係長ですか。

A 係に課せられた使命を確実に実現するということです。係長の職責として、部下指導、上司の補佐、他の係との調整などいろいろとあります。しかし、係長になって間もないうちは、すべてを完璧にこなすことはできません。そこで、まずは基本中の基本である、係に与えられた使命を確実に実現し、実績を残せる係長になりたいと思っています。

Q そのためには、係長として何が必要なのでしょうか。

A まずは、業務の目標を明確にして、係員に的確に指示することです。その後、確実に進捗管理を行い、作業が遅れたときには、職員の応援体制をつくるなどして素早くフォローします。また、適宜上司に状況を報告して、期限までに確実に作業を終了します。このように、まずは係の実績を残して、上司の信頼を得ていきたいと思っています。

ここが ピカイチ 😊✨

まだ係長になっていない自分の置かれた状況をふまえた上で、非常に具体的なイメージを面接官に伝えています。こうした質問では、理想ばかり言いがちなのですが、説得力のある回答になっています。

\ NG /

✕

悪い回答例

Q 係長と一般職員の最も大きな違いは何ですか。

A 権限の大きさが、係長と一般職員では最も異なります。係長は係の運営、部下の指導、上司のサポート、他の係との連携など、その範囲は非常に広いです。それに比べ、一般職員は基本的に指示されたことをやるので、権限が限定的だと思います。

Q では、その権限の違いをふまえた上で、係長が一般職員と異なり注意すべき点はありますか。

A 係長は、権限だけでなく周囲に与える影響力も非常に大きくなるため、一般職員の模範である必要があります。もし私が係長になったら、誰よりも先に出勤し、係員全員が帰ったのを確認してから退庁したいと思っています。

Q それでは勤務時間がかなり長くなってしまいますが、大丈夫ですか。

A 体力には自信があります。係員も私が頑張っている様子を見て、信頼してくれると思います。

ここがイマイチ 😣

長時間労働が良い、という誤ったイメージを持っています。仮に、このような係長であれば、係員は定時退庁を躊躇してしまいますし、休暇も取りづらい雰囲気ができてしまうので注意が必要です。

Q 係長と一般職員の最も大きな違いは何ですか。

A 係長は、一般職員以上に多方面に目を配ることが大事です。その視野の広さが最も大きな違いだと思います。

Q 視野の広さの違いとは、具体的にどんなものですか。

A 係長は、自分の担当業務だけでなく、係員全員の業務の進捗管理を行ったり、課長のサポートを行ったりと、自分以外の人間の動向にも注意して仕事を進める必要があります。また、他の係や課との連携や調整も行うため、広い視野から仕事を進めていく必要があります。一般職員には、そこまでの視野は求められていませんので、その点が大きく異なります。

Q では、その視野の違いをふまえた上で、係長が一般職員と異なり注意すべき点はありますか。

A コミュニケーションです。係長が、自分の殻に閉じ込もって、部下や課長、他の係長などと円滑な対話ができなければ、情報が遮断されてしまいます。これでは、日々変化する状況を把握することはできませんし、的確な判断を下すことは困難になります。

ここが ピカイチ 😊✦

係長と一般職員の違いが明確に説明されていると同時に、受験者の係長のイメージも具体的にわかります。両者の違いには、いろいろなものがありますが、それをきちんと説明できることが大事です。

04 担当業務を抱える中で、部下をどのように指導しますか

\ NG /

✕

悪い回答例

Q 担当業務を抱える中で、部下をどのように指導しますか。

A 係長自身の担当業務があろうとなかろうと、部下を指導することに変わりはありません。このため、特別なことはないかと思います。

Q しかし、自分の業務もある中で、部下を指導するのは大変ではありませんか。

A いえ、部下指導も担当業務も、業務の1つであることには変わりはありません。両方をしっかりとこなすことこそが係長に求められている役割だと思います。

Q では、係長として具体的にどのように業務や指導を行っていくのですか。

A はい、とにかく目の前にあるものに対応すれば良いと思います。担当業務を遂行しながら、部下から相談があれば聞いて指導すれば良いと思います。

ここが イマイチ

係長の大変さを十分に理解していません。「相談があれば指導」との回答では、主体性が感じられません。現在の係長に求められるプレイングマネージャーとしての役割をきちんと述べることが求められます。

＼ OK ／

〇 良い回答例

Q 担当業務を抱える中で、部下をどのように指導しますか。

A 担当業務を含めて業務の進捗管理を適切に行う一方で、係長として常に係全体を見ながら部下を指導していくことが重要だと思います。

Q しかし、担当業務に集中してしまうと、部下指導がおろそかになってしまいませんか。

A 確かに、例えば締切が近い仕事を抱えているような場合は、部下への目配りが不十分になってしまうことはあるかと思います。しかし、そうならないように、常に2つの視点を持つことが大事だと思います。

Q 具体的に、どのようにするのですか。

A 1日の中で、切り替えを行うことが重要だと思います。例えば、朝会では部下の業務を確認し、気になることがあれば指導します。しかし、その後しばらくは担当業務に集中します。このように意識的に切り替えを行います。また、担当業務中であっても、部下から相談があったときは、必ず手を止めて話を聞くようにします。

ここがピカイチ 😊✨

担当業務を持ちつつ部下の指導を行うという、プレイングマネージャーの役割を十分認識しています。また、役割を果たすためにどのように行うのかが具体的で、面接官も納得できる内容となっています。

NG

✕

悪
い
回
答
例

Q 以前の上司で、現在は部下の再任用係員にどう対応しますか。

A 再任用係員であっても、ベテラン職員であることには変わりはないので、できるだけ多くの場面で活躍してもらうように配慮します。

Q 具体的には、何をするのですか。

A 例えば、これまでの経験を活かしてもらい、私も含めていろいろな職員を指導してもらいたいと思います。また、私が判断に困ったときには相談するとともに、私の不在時には係長代理を務めてもらいます。

Q それでは、他の係員が困惑しませんか。

A ベテラン職員なので、そんなことはないと思います。

Q しかし、例えば再任用係員とあなたの意見が対立した際には、どうするのですか。

A やはり、これまでの豊富な経験がありますので、再任用係員の意見を尊重したいと思います。

ここが イマイチ 😖

再任用係員に配慮しすぎです。あくまで係のリーダーは係長なので、係長として判断することが重要です。以前の上司とはいえ、何でもその人に従うのでは、組織が混乱してしまいます。

Q 以前の上司で、現在は部下の再任用係員にどう対応しますか。

A 十分に敬意を払います。しかし、あくまで係長は自分であり、また以前の上司であっても、組織上は他の部下と立場は変わらないので、公平に接することが重要だと思います。

Q 例えば、再任用係員とあなたの意見が対立した際には、どうするのですか。

A まずは、よく話を聞きたいと思います。経験の浅い自分ではまだ気づけない視点があるかもしれませんので、教えを乞うこともあるかもしれません。

Q 話し合ったとしても、自分の意見が正しいと考えたら、どうしますか。

A 他の係員の意見も聞きたいと思います。どのような対応が最善なのかを議論します。そうして意見が一つにまとまるのが理想です。しかし、まとまらなければ、係長として自分が最終的な判断をすることが必要だと思います。

ここが ピカイチ 😊✦

「最終的に自分が判断する」という係長の役割を十分踏まえた上で、再任用係員への配慮も忘れておらず、良い回答になっています。また、係で話し合う場も設けており、係全体を考えている点も評価できます。

06 新人職員をどのように育成しますか

\ NG /

悪い回答例

Q 新人職員をどのように育成しますか。

A 少しでも早く一人前となれるように、育成プログラムを作成したいと思います。

Q それは、具体的にどのようなものですか。

A 各月別に担当してもらう業務を決めておき、少しずつスキルを身につけていけるようにします。各月初めには、前月の達成状況を確認し、未達成の内容については、「なぜできなかったのか」を自分で分析させます。

Q 新人職員に分析させて、どうするのですか。

A 目標未達の原因を十分認識してもらいます。

Q 担当する業務については、どのように教えるのですか。

A 最初に簡単な説明はしますが、なるべく人に頼らずに自分で調べるように指導します。そうすることによって、考える習慣も身につき、本人の実力にもなると考えるからです。

ここがイマイチ 😣

指導方法が、形式的・機械的です。また、「自分で分析させる」「自分で調べさせる」のは、新人を追い詰める可能性もあります。育成プログラムは、予定通りに進まなかった場合のフォローも必要です。

Q 新人職員をどのように育成しますか。

A まずは簡単な業務を行わせてみます。それができるようになったら、少し難しい業務を担当してもらいます。このように、少しずつ難易度を高めていく指導が良いと思います。

Q 担当する業務については、どのように教えるのですか。

A 前任者とのペア制度やベテラン職員によるOJTなどが効果的だと思います。また、できるだけ係業務のマニュアルを作成し、それを活用することも大事だと思います。

Q 新人職員を育成する上で、その他に配慮すべきことはありますか。

A 新人職員が相談しやすく、話しやすい環境をつくることが重要だと思います。このために、朝会などの場を活用することはもちろんのこと、年齢の近い職員をメンターにすることも有効だと思います。いずれにしても円滑なコミュニケーションが大事です。

ここが**ピカイチ** 😊✦

育成の体制と、新人職員へのフォローの内容が明確になっており、とても具体的です。また、コミュニケーションを重視していることから、何か問題があっても対応できるので、安心できる回答になっています。

\ NG /

悪い回答例

Q 年下の上司に対してどのように接しますか。

A 年下であっても、上司は上司です。年齢にかかわらず、部下としての役割をふまえて対応します。

Q 例えば、あなたが以前指導した後輩が課長になることもあると思いますが、その際はどうしますか。

A 自分が実際に指導した後輩であれば、確かに仕事がやりにくくなると思います。その後輩の上司も、おそらく私に対して指示はしにくくなるはずです。ですので、人事当局は、基本的にこうした職員配置を避けるべきです。効率的に業務を遂行する上でも、この点は大事だと思います。

Q しかし、実際にはあり得るケースかと思いますが。

A 単なる年下の上司であれば良いかと思いますが、かつて同じ職場であった者同士を配置するというのは、やはり問題が多いと思います。

ここが イマイチ 😖

「年下の上司でも構わないが、かつて職場が一緒だった人はイヤ」というのは、単なるわがままにすぎません。また、職員配置にまで口を出すというのは、係長の立場を理解しているとはいえません。

Q 年下の上司に対してどのように接しますか。

A 年下であっても、上司は上司です。年齢にかかわらず、部下としての役割をふまえて対応します。

Q 例えば、あなたが以前指導した後輩が課長になることもあると思いますが、その際はどうしますか。

A それも実際にはあり得ることだと思います。しかし、そんな場合であっても、上司と部下という立場ですから、立場をわきまえて業務を行うことが大事です。かつて後輩職員であった上司だとしても、自分は係長として、できるだけ課長を補佐していきたいと考えています。

Q 感情的にはいろいろ思うところもあるかと思いますが、自分をどのようにコントロールするのですか。

A 役割に徹することだと思います。現在では、先輩だった係長が主任として再任用されるケースも増えています。その意味では、かつての後輩が今は上司、反対にかつての先輩が今は部下というのも珍しいことではなくなりました。私に限らず、職員の意識は変わってきており、あまり心配ないと思います。

ここが **ピカイチ** 😊✨

「与えられえた役割を演じること」は、組織人には必要な技術です。また、ここでは再任用職員の事例を挙げて説明するなど、説得力のある内容になっています。

\ NG /

× 悪い回答例

Q 業務が予定通りに進捗しない場合、どう対応しますか。

A まず、予定通りに進捗しない状況を課長に報告したいと思います。

Q 進捗しない理由などは、報告しないのですか。

A はい、非常時にはまず何よりも早く一報を入れることが先決だと思います。そのため、まずは進捗しない状況についての報告が先だと思います。

Q 課長から予定通りに進捗しない理由を尋ねられた場合は、どうするのですか。

A 理由をきちんと調べて、後で報告しますと言います。

Q その後は、どうするのですか。

A 次に、予定通りに進捗しない理由を担当している部下に確認させます。そして、その原因となった部下とともに、課長のところへ報告に出向いて、謝罪します。その後は、課長のご判断を仰ぎたいと思います。

ここが イマイチ 😠💨

緊急事態であれば別ですが、一般的には理由も併せて報告に行くべきです。また、報告の際に、部下をさらし者にするような態度は疑問です。係長としての判断を行わず、課長任せにしている点も問題です。

Q 業務が予定通りに進捗しない場合、どう対応しますか。

A まず、進捗しない理由を部下とともに確認します。そして、係内の応援体制などにより、期日までに終わせられないかを考えます。その上で、どうしても間に合わないことが判明した場合には、上司に報告します。

Q どうしても期日に間に合わせる必要がある場合は、どのように対応しますか。

A まずは、係内で応援体制の検討を再度行います。また、場合によっては係員に超過勤務をお願いすることもあろうかと思います。さらに、作業内容の見直しも考えられます。

Q それでも期日に間に合わないことが判明した場合は、どのように上司に報告するのですか。

A 上司には、予定通り進捗しない理由と今後の対策の2点を説明するとともに謝罪します。他部署などに影響がある場合は、課長から連絡してもらう必要もあるかと思います。

ここがピカイチ 😊✨

進捗しない理由を確認した上で、改めて予定通りにできないかを検討するのは大事です。その上で、困難な場合は、対策を検討して課長に報告しています。課長としても判断しやすくなるので、良い対応です。

09 係の良好な雰囲気づくりに どう取り組みますか

\ NG /

×

悪い回答例

Q 係の良好な雰囲気づくりにどう取り組みますか。

A 係長が、率先して係員に声かけすることだと思います。やはり、職員の声が聞こえない、静かすぎる職場というのは、良くないと思います。そこで、私が積極的に係員に声かけを行い、係の雰囲気を良くしていきたいと思います。

Q 係長が係員に積極的に声かけするのはわかりますが、それで雰囲気は良くなるのでしょうか。

A もちろん、係長1人だけで良くなるとはいえません。係員も自ら声を出すことが大事だと思います。そこで、私は係員に時折質問したり、状況を尋ねたりして、係員が話す機会を確保したいと思います。

Q 声を出すことが、雰囲気が良い職場ということですか。

A そうだと思います。やはり、雰囲気が良いのは職員の声が聞こえる活気ある職場だと思います。

ここが イマイチ 😖

雰囲気が良い職場とは、係員が気兼ねなく意見を言えるような職場であり、必ずしも声が出ている職場とはいえません。雰囲気づくりの意味をよく理解していない回答になっています。

Q 係の良好な雰囲気づくりにどう取り組みますか。

A 係の良好な雰囲気というのは、係員が自由闊達に意見を言える環境だと考えます。このためには、まず私は係員の話をよく聞くようにします。話の途中で口をはさんだり、会話を遮ったりしては、係員も委縮してしまいます。また、意見を求めたり、質問したりして係員と話す機会を多くすることも大事です。こうすることで、係員が話しやすい環境をつくっていきます。さらに毎日の挨拶など、こちらからも積極的に声をかけていきます。

Q 係員同士の意見がぶつかって、係の雰囲気が悪くなってしまうこともあると思うのですが。

A 確かにそうしたこともあると思います。しかし、議論することと、いがみ合うことは別なことです。感情的なしこりを残すことは避けなければなりませんが、議論することは大事です。

Q 雰囲気づくりのため、アフターファイブの飲み会を行うことについてはどう考えますか。

A 確かに1つの手ですが、絶対に必要とはいえません。

ここが**ピカイチ** 😊✨

係員が話しやすい環境をつくることは、係長にとって重要な役割です。実際には「忙しいから後にしてくれ」と後回しにしてしまうこともありますが、係員に配慮している様子が窺えます。

10 係員のOJTで心がけていることはありますか

\ NG /

✕ 悪い回答例

Q 係員のOJTで心がけていることはありますか。

A 現在、どこの職場も忙しくて、OJTを実施している余裕などないというのが現状だと思います。このため、効果的なOJTは困難だと考えています。強いて実施するのであれば、少ない時間で教える方も教わる方も、いかに効率的に実施するかということが大事かと思います。

Q それでは、実際に係長としてどうするのですか。

A 例えば、異動してきた職員がいれば、短時間で効率的に教えます。長々と教えている時間はありませんので、その後は、職員からの要望に応じで実施する程度で良いかと思います。

Q そうした方法で、職員の能力が向上しますか。

A 必要最小限については、カバーできると思います。それ以上については、職員が自主的に学習することが肝要で、OJTだけで対応することは困難です。

ここがイマイチ 😖

この回答では、OJTの意義をそもそも否定しており、問題です。確かに、現在はなかなかOJTに時間を割くことが困難になってきていますが、「だからできません」では回答としては不適当です。

Q 係員のOJTで心がけていることはありますか。

A 係員の能力や理解度など、係員それぞれの状況に応じて実施することだと思います。画一的な教え方では、本当に係員の実力になるのかは疑問が残ります。係員の意見や考えなども聞きながら、進めていくことが大事だと思います。

Q 例えば、先輩係員に新人職員のOJTを依頼する場合、どのような点に注意しますか。

A 先輩係員から適宜状況を報告させ、何か問題があればすぐにフォローできる準備をしておくことです。また、直接新人職員にも理解度や到達度を確認して、状況を把握しておくことも重要だと思います。

Q 先輩係員には、どのようなアドバイスを送りますか。

A OJTは、教える側にとっても重要な機会であることを伝えます。人に教えるということは、自分の中で内容が整理できていないとできません。また、教えることによって、先輩係員の成長にもつながります。そこで、「どのように教えたら効果的なのか、十分考えてほしい」ということを伝えたいと思います。

ここがピカイチ 😊✦

OJTについて具体的なイメージを持っており、面接官にもわかりやすく伝えています。係長は、OJTとして自分が教える場合と、事例のように係員に行わせるケースがあるので注意が必要です。

\ NG /

✕ 悪い回答例

Q 他の係とどのように連携を図りますか。

A 課長が考える「係の連携のあり方」に従って、行動します。係長会などで、課長からは係間でどのように連携すべきか、指示があるのが一般的です。例えば、応援体制や、庶務担当係を中心としたそれぞれの係の役割などです。こうした課長の指示に従うのが第一だと思います。

Q あなたが係長として、他の係長と主体的に連携を図るということはないのですか。

A 必要に迫られて他の係に作業をお願いすることはあるかもしれませんが、実際には特に他の係にお願いすることはないと思います。ですので、連携については特に主体的に動くということはないと思います。

Q 係間の連携とは具体的にどのようなものをイメージしますか。

A 日常的な情報交換や、困ったときの応援などです。

ここが イマイチ 😖💢

そもそも係間の連携とは何か、またその重要性について理解していません。係長としては、課の業務が円滑に進行するように、係間の連携の具体的な方法について認識する必要があります。

\ OK /

○ 良い回答例

Q 他の係とどのように連携を図りますか。

A まずは、各係長との間でコミュニケーションを密にすることを心がけます。係長としては、自分の係だけでなく、他の係がどのような動きをしているかを常に把握しておく必要があります。このため、係長会での情報交換はもちろんのこと、日頃のコミュニケーションについても注意したいと思います。

Q それ以外には、何か重要なことはありますか。

A 課長の視点で考えることだと思います。基本的には、課の庶務担当係が課の中心になって各係を取りまとめると思いますが、それを待つだけでは消極的です。円滑に課の業務が行われるためには、現在の状況では何が必要か、積極的に情報発信していくことも重要と思います。

Q 係の連携といっても、実際にはいろいろと難しいのではないですか。

A 確かに、実際の行動は難しい面もあると思います。しかし、係長だからこそ、他の係長と直接話すことで、連携も図れると思います。

ここがピカイチ 😊 ✦

係間の連携について具体的なイメージができているとともに、実際に何をするかが明確です。課長の視点から連携について考えるという回答に、面接官は非常に安心するはずです。

Q 年度途中で急に業務が増加した場合、どう対応しますか。

A 年度途中で業務が増加するということは、年度当初に想定していなかった事務が増えたということですから、基本的には人員増を課長に依頼します。もちろん、職員定数の厳しい状況ですから、正規職員は難しいかもしれません。その場合には、会計年度任用職員をお願いします。

Q 仮に課長から「人員増は難しい。現体制でなんとか対応してくれ」と言われた場合、どうしますか。

A 人員増が無理であるならば、やむを得ません。何とか、現在の体制で対応することを考えます。ただ、その際には職員の残業手当を措置してもらうように依頼します。おそらく職員は長時間の残業を余儀なくされると思います。そうであるならば、手当などのインセンティブがなければ、職員のモチベーションを保つことは困難です。

ここがイマイチ 😫

係内の体制について検討することなく、課長に人員と手当を要求しようとする姿勢は問題です。実際には、そうした点について課長と話し合うのでしょうが、面接の回答としては適当ではありません。

Q 年度途中で急に業務が増加した場合、どう対応しますか。

A まずは、係会を開催して現状を説明し、係員の意見を聞きます。現在の体制で対応は可能か、作業スケジュールを変更する必要はあるか、超過勤務の必要性など、様々な観点から係員と意見交換をし、今後の方向性について皆で共通の認識を持ちます。

Q 係員から「現在の体制では対応できない。課長に人員増を要求してほしい」と言われたらどうしますか。

A まずは、自分が係長として本当に現体制で対応ができないかを判断します。そこで、必要と考えれば、課長に相談します。

Q その際課長から「人員増は難しい。現体制でなんとか対応してくれ」と言われた場合、どうしますか。

A その場合は、現体制でどのようにすれば良いのか、考えます。例えば、不要不急の作業は後回しにするなどのスケジュールの見直し、作業効率を上げるための事務改善、または、一部の事務を他の係にお願いするなど、あらゆる方策を検討します。

ここが**ピカイチ** 😊✨

現体制の中で、様々な努力を講じており、非常に説得力があります。
現在、どの職場でもこうした事態が起こる可能性はあり、係長としてはその対処も考慮しておく必要があります。

13 係員が「自分には無理です」と言ってきたら、どう対応しますか

Q 係員が「自分には無理です」と言ってきたら、どう対応しますか。

A 各係員にはそれぞれ割り振られた担当業務があります。それを遂行してもらえなければ、係としての業務を終えることはできません。このことを説明し、自分の役割をきちんと認識して、実施してもらうように話します。

Q 説明した上で、それでも「無理です」と言ってきたら、どうしますか。

A その係員の言うとおりにしてしまうと、誰か他の係員にその業務を担当してもらうことになります。それでは、他の係員からもクレームが出てしまいます。このため、やはり担当業務を行うように話します。

Q 係長として手伝わないのですか。

A それも不公平感が出てしまいます。また、本人の成長にもなりませんので、1人で行ってもらいます。

ここが イマイチ 😣

形式的な平等にこだわりすぎています。また、「無理です」と言ってきた係員の事情も聞いていません。これでは、その係員を追い詰めてしまう可能性もあるので、かえって状況を悪化させてしまいます。

Q 係員が「自分には無理です」と言ってきたら、どう対応しますか。

A まずは、「なぜ無理なのか」を尋ねます。その答えによって対応は異なると思います。

Q 具体的には、どういうことですか。

A 例えば、介護や子育てなどの理由で残業ができないのであれば、時間内に業務を終わらせる方法を考えます。また、能力的に難しいということであれば、私やベテラン職員がサポートすることで対応できるかと思います。このように、具体的な対応方法を一緒に考えたいと思います。

Q 単なるわがままで「無理です」と言ってきたら、どうしますか。

A その場合は、組織として働いている以上、そうしたわがままや自己中心的な考えは通用しないことを説明します。また、困難な業務であれば、自分の成長につながることを話して、担当業務を行わせるようにします。

ここが**ピカイチ** 😊✨

部下の抱える様々な事情を考慮しています。また、事情に応じた対応策も考えており、マネジメント力があることもわかります。さらに、単なるわがままには厳しい態度で臨んでおり、面接官も安心できます。

\ NG /

× 悪い回答例

Q 業務を抱え込んでしまう係員にどのように対応しますか。

A 現在の係では、明確に各係員の業務が分かれています。このため、係員が連携して業務を行うということがまずありません。こうした職場では、業務を抱え込んでしまうのもやむを得ない面があると思います。

Q しかし、職員が業務を抱え込んでしまうと、その人が不在となった場合に、困りませんか。

A 確かにそうしたこともあるかと思います。しかし、ファイルを個人のパソコンではなく、共有フォルダなどに入れておいてもらえば、対応できると思います。

Q では、ファイルを共有していれば問題ないということですか。

A はい、それで問題はないと思います。

ここが イマイチ 😣

業務を抱え込む弊害を十分に認識していません。ファイルを共有しても、周囲は業務の正確な状況がわからず、不正が行われていても気づけません。係長として進捗状況を把握していないことも問題です。

良い回答例

Q 業務を抱え込んでしまう係員にどのように対応しますか。

A まずは、抱え込んでしまうことの影響を認識してもらいます。担当者不在時に外部からの問い合わせに対応できないこと、進捗状況が不明なので締切に間に合わない状況でも周囲にはわからないこと、また不正の温床になることなどを説明したいと思います。

Q なぜ不正の温床になるのですか。

A 例えば、現金の管理、特定の業者との連絡調整、支出命令などの業務を行っていた場合、他の係員にはその状況がわかりません。このため、その職員が不正をしやすい状況になっていると言えるからです。

Q 職員が業務を抱え込まないようにするために、その他に行うことはありますか。

A 共有フォルダの活用などによる情報の共有化や、定期的な朝会の実施などによる円滑なコミュニケーション体制の構築などが重要です。

ここがピカイチ 😊✨

業務の抱え込みを防ぐために、職員の意識面と職場の仕組み面の両面から答えており、評価できる内容です。また、業務の抱え込みが不正の温床になることを指摘していることも、認識の深さを示しています。

15 勤務中にスマホばかり操作する部下に、どう対応しますか

\ NG /

✕

悪い回答例

Q 勤務中にスマホばかり操作する部下に、どう対応しますか。

A スマホばかり操作して、業務を行っていないことは問題です。ただし、現在では、勤務時間中に職員がスマホを使用していたとしても、必ずしもすべてが私的利用だけとは限らないと思います。

Q それは**具体的に**どういうことですか。

A 例えば、庁内のパソコンはシステム上の制限があるため、見ることのできないサイトや活用できないアプリがあります。そうしたものをスマホで利用したほうが、業務が捗るということが、実態としてあります。このため、そうした利用は致し方ないと思います。

Q **閲覧不可のサイトを見ても良い**ということですか。

A 効率的な業務の遂行という視点で考えれば、そうしたものを利用することも大事です。

ここが イマイチ 😖

庁内で閲覧不可となっているサイトや、使用不可となっているアプリの活用を容認している点は問題です。これでは、庁内のルールに違反することを自ら認めてしまっています。

Q 勤務中にスマホばかり操作する部下に、どう対応しますか。

A スマホばかり操作して、業務を行っていないことは問題です。そうした職員には、職務専念義務があることを説明し、スマホ操作を止めさせ、業務に集中するように注意したいと思います。

Q ということは、勤務時間中にスマホを操作することを職員に禁止するということですか。

A はい、勤務時間中の私的な使用は原則禁止です。もちろん、家族からの緊急の連絡などが入ることもあるかと思いますが、それはあくまで例外です。

Q では、勤務時間中の私的ではないスマホ使用という場面は、実際にどのようなものですか。

A 現在、災害時への対応などの際に職員のスマホに連絡が入ることになっています。また、職員の出張や研修が終了した際には、その場から職場に連絡することがあります。こうした活用は問題ないと思います。

ここが ピカイチ 😊✦

勤務時間中の私的なスマホ使用は、原則禁止であることを明確にしています。一方、現在は業務のためにスマホを活用せざるを得ない場面がある実態も踏まえて回答しており、現実的で説得力があります。

16 報告や相談を全てメール等で行う係員にどう対応しますか

\ NG /

✕

悪い回答例

Q 報告や相談を全てメール等で行う係員にどう対応しますか。

A 部下から係長への報告や相談は、原則口頭で行うべきだと考えます。このため、まずそのことを係員に説明したいと思います。

Q しかし、互いの業務が忙しい場合など、やむを得ない場合もあるのではありませんか。

A もちろん、そうした場合もあるかと思います。しかし、やむを得ない場合はメールも1つの手段ですが、あくまで例外であり、原則は口頭だと考えます。お互いの顔を見て話し合うことが、コミュニケーションの基本だからです。

Q そうすると、メール等の活用は外部との連絡用ということですか。

A はい。目の前に報告や相談をする相手がいるのに、わざわざメールするのはおかしなことです。

ここがイマイチ 😣

部下に必ず口頭での報告や相談を求めるのは、やや強権的な印象を与えます。かえって時間のムダが生じる、記録が残らないといったデメリットについても考慮が必要です。

Q 報告や相談を全てメール等で行う係員にどう対応しますか。

A 現在では、メール等で報告や相談をしてもらったほうが文章として残るため、かえって効果的なこともあるかと思います。しかし、それ以外の場面では、やはり口頭で行うように指示します。

Q それは、具体的にどのような場面ですか。

A 例えば、遅刻しそうなときは、電話で連絡するのが基本です。ただし、電車内からでは電話できないこともありますので、そうした際はメールでの連絡もやむを得ないと思います。また、軽微な報告などは、わざわざメールするよりも、口頭のほうが早いということもあります。さらに、相談についても、言いにくいのであればメールの活用もあるかもしれませんが、基本は話し合うことだと思います。

Q 最近では、こうした係員も多いようですが、係長として注意すべきことはありますか。

A 日頃のコミュニケーションです。メール等の活用も有益ですが、口頭でのやり取りも重要だと思います。

ここがピカイチ 😊✦

メール等の有用性を十分に踏まえた上で、日頃のコミュニケーションを重視しているのが良い点です。また、具体的な場面を挙げて説明しているので、わかりやすい内容になっています。

\ NG /

×

悪い回答例

Q メンタルに問題がある部下にどう対応しますか。

A すぐに課長に相談します。メンタルな問題を抱える職員は、本人の心身の状態だけでなく、異動や定数などの人事上の問題にも大きく影響します。このため、自分だけで抱え込まず、すぐに課長に相談するようにします。

Q 例えば、その職員から「係長にご相談があるのですが」と言われたら、どうしますか。

A 簡単な話であれば聞くかもしれませんが、やはり課長の判断を仰ぐことが大事だと思います。このため、「課長と相談する」と本人に言います。その後で、どのように本人の話を聞くかも含めて、課長に相談します。

Q まず係長として話を聞くのでなく、あくまで課長の判断を優先するということですか。

A はい。こうした問題には、課長の判断が最優先と考えます。

ここが イマイチ 😖

判断をすべて課長に委ねてしまい、係長として当該職員に向き合っていないのは問題です。職員も係長に相談したいと言っているのですから、まずは話を十分聞くことが重要です。

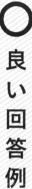

Q メンタルに問題がある部下にどう対応しますか。

A 本人の状態にもよりますが、可能であれば、まずは本人と話すようにします。本人の気持ちを十分に確認するとともに、通院状況、家族関係、今後の方向性などについて、話し合います。本人の気持ちや現状を確認することが、まずは大事だと思います。

Q 実際に、こうしたケースの場合、話し合いにあたってどのような点に注意しますか。

A 職員の話を十分に聞くことだと思います。こちらが一方的に内容を決めつけたり、結論を急いだりしては、かえって逆効果です。職員の思いを十分に引き出せるよう、聞き役に徹することが大事だと思います。その上で、アドバイスや意見を求められれば、対応していきたいと思います。

Q 課長には、どのように報告するのですか。

A 本人の状態が切迫しているような場合であれば、できるだけ早く報告します。そうでなければ、本人との話し合いの中で、一定の方向性が見えた段階で報告します。

ここがピカイチ 😊✦

部下の気持ちを十分に引き出そうとする姿勢が評価できます。近年、メンタルな問題を抱える職員は多くなっていますので、係長としてもこうした職員に対応できることは重要です。

18 係員が「残業はしません」と言ってきたら、どう対応しますか

Q 係員が「残業はしません」と言ってきたら、どう対応しますか。

A 残業も仕事のうちです。このため、個人的な理由で残業をしないということは、組織人として許されることではありません。このため、そうしたことは認められないと係員に話します。

Q 例えば、介護や育児などの理由で残業ができないという職員もいると思うのですが。

A 確かに、そうしたこともあると思います。その場合は、その係員が勤務時間内に業務を終わらせることができるよう、自分で工夫することが必要です。

Q 係全体で残業が必要なこともあるかと思います。その場合は、その係員にどう対応するのですか。

A そうした際には、自分の口から他の係員に事情を話してもらうことが必要だと思います。そうしないと、他の係員に不公平感が生じてしまいます。

ここが イマイチ 😖

「残業しないことは認められない」と一方的に告げるのは少々強引です。

また、介護や育児などで残業ができない係員の事情は、本人ではなく係長から他の係員に説明するべきです。

\ OK /

○ 良い回答例

Q 係員が「残業はしません」と言ってきたら、どう対応しますか。

A 基本的に、その係員の担当業務が勤務時間内で終了しているのであれば、問題ないと思います。しかし、業務上、どうしても残業が必要にもかかわらず、そのような発言があれば、その理由を確認したいと思います。

Q 例えば、その理由が介護や育児など、止むを得ないものであれば、どうしますか。

A その場合、他の係員の理解・協力を得ることができ、その係員が残業しなくても済むのであれば、それで良いと思います。しかし、係全体で残業が必要など、それが難しい場合は、担当業務の変更や業務方法の見直しなどを検討します。

Q 残業しない理由が単なるわがままの場合は、どうしますか。

A 超過勤務も職務命令であることを説明し、係員に理解してもらいます。

ここがピカイチ 😊✨

残業をしない理由を確かめることは重要です。単なるわがままは論外ですが、職員の中には様々な事情を抱えていることも少なくありませんので、それに応じた解決策を検討する必要があります。

\ NG /

✕

悪い回答例

Q 他の係員に無関心な係員に、どのように対応しますか。

A 今の若い職員の中には、周囲の職員と積極的にコミュニケーションを取らない人も多くなっています。このため、業務に支障がなければ、特に問題ないと思います。

Q 業務上支障がなくても、係の中で浮いた存在になっているということもあると思うのですが。

A 確かにそうしたこともあるかと思います。しかし、そうであっても、業務に支障がなければ問題ないと思います。それに、職場はあくまで働く場ですから、プライベートを含めて、「他の係員に関心を持て」というのも少し無理がありますし、かえって職員に反感を持たれてしまう可能性があるので、避けるべきだと思います。

Q それで、係の運営に問題はありませんか。

A はい、特に問題はないと思います。

ここが イマイチ 😖

「業務に支障がなければ問題ない」というのは疑問です。同じ組織で働く以上は、お互いが気遣うことが求められ、係長としては、そうした環境が整備されるように配慮する必要があります。

\ OK /

○ 良い回答例

Q 他の係員に無関心な係員に、どのように対応しますか。

A まずは、その係員に、無関心でいるとどのような問題があるのかを確認したいと思います。例えば、「職員間の連携ができずにミスが発生する」「係の中で浮いた存在になっている」などです。その上で、対策を考えたいと思います。

Q 具体的には、どうするのですか。

A 例えば、職員間の連携ができずにミスが発生しているのであれば、ペア制度を導入して、2人1組で業務を行わせるようにします。また、係の中で浮いた存在になっているのであれば、朝会や職場内研修などを活用して、話す機会を増やします。

Q 当該の係員に対しては、何か話をしますか。

A 当面は今述べたようなことを行って、様子を見ます。しかし、あまり効果がないようであれば、1対1で話をして、本人の考えなどを聞く必要もあるかと思います。

ここが**ピカイチ** 😊✨

業務上だけでなく、職場の雰囲気にも配慮しています。また対策として、ペア制度などの「仕組み」を導入することによって解決をしようとしている点が、係長としてのマネジメント力を感じさせます。

＼ NG ／

✕ 悪い回答例

Ｑ クレーム対応を避ける係員に、どのように対応しますか。

Ａ 本人に対して、クレーム対応も業務の１つなので、きちんと責任を持って対応するように説明したいと思います。

Ｑ しかし、それだけで納得するでしょうか。

Ａ 確かに、これだけでは納得しないかもしれません。しかし、クレーム対応を避けるということは、職務専念義務に違反しています。また、他の係員ばかり対応するということになれば、不公平感も生まれてしまいます。こうした点についても説明したいと思います。

Ｑ それでも納得しない場合は、どうしますか。

Ａ その場合は、そうした行為は処分の対象になる可能性があることを説明します。また、課長にも相談し、課長から直接注意してもらいます。

ここが イマイチ 😣

単に「クレーム対応も業務の１つだから、やれ」では、係員に寄り添った対応とはいえず、係員の納得を得られるか疑問です。しっかりと、クレーム対応の重要性などを説明することが必要です。

Q クレーム対応を避ける係員に、どのように対応しますか。

A 明らかにクレーム対応を避ける係員に対しては、まずクレーム対応の重要性をしっかりと説明したいと思います。

Q 具体的に、どのような話をするのですか。

A 市職員にとって、クレーム対応力は必須です。窓口で住民からクレームを受けることはもちろんのこと、現在では、「モンスタークレーマー」のような人もいます。市職員として働くかぎり、こうしたクレーム対応から逃れることはできません。係としても支援するので、腰を据えて対応するように説明します。

Q 実際に、どのように指導するのですか。

A まず、ペアで対応させます。その後、慣れてきたら、当該係員1人でクレーム対応をさせます。しかし、ある程度の時間が経過しても解決しないようであれば、ベテランの係員を応援に行かせるなどの対応を行います。このように段階的に学んでもらいます。

ここがピカイチ 😊✨

クレーム対応の重要性をきちんと説明しているのが良い点です。また、単に係員任せにするのではなく、係としてもバックアップすることを伝えているので、係員としても安心して対応することができます。

＼ NG ／

✕ 悪い回答例

Q 課長を補佐する際に大切なことは何ですか。

A 課長の考えや意向をよく理解するとともに、それらが実現できるように全力を尽くすことです。

Q 全力を尽くすとは、具体的に何をするのですか。

A まずは、部下が課長の意向を十分理解するように、周知徹底します。私が課長と密にコミュニケーションを図る中で、課長の意向を十分理解するようにします。そして、それを部下によく説明し、徹底させるのです。こうすることで、職員全員が目標に向かって行動できると思います。

Q 職員から課長の考えに異論が出された場合は、係長としてどうするのですか。

A あくまで課長の意向が第一ですから、それに従ってもらいます。当然ですが、組織ではあくまで上司の指示が優先されますので、その点を理解してもらいます。

ここがイマイチ 😖💦

「課長の指示は絶対で、それを部下に従わせる」といった姿勢になっており問題です。仮に、課長から違法な指示があった場合には、係長は部下を守らなければなりませんので、この姿勢は疑問です。

Q 課長を補佐する際に大切なことは何ですか。

A いろいろあると思いますが、重要なのは、課長のスタイルを理解し、それに対応することだと思います。

Q それは、具体的にどのようなことですか。

A 課長といっても、仕事のスタイルは人それぞれだと思います。例えば、判断の早い方もいれば、じっくり考えてから判断される方もいます。このように課長によって、仕事の進め方などは異なってくるかと思いますが、課長が仕事をしやすいように、そのスタイルに合わせて補佐することが大事だと考えています。課長の仕事がしやすい環境ができれば、課としてのパフォーマンスも上がり、結果として大きな成果につながります。

Q 課長のスタイルを把握するためにどうしますか。

A 異動当初は、できるだけ話す機会を多く持ち、コミュニケーションを深めていきます。そこで、課長の仕事の進め方や性格なども理解できると思います。その後は、報告や資料提出のタイミングなど、実際の仕事の中で習得していきます。

ここがピカイチ 😊✦

非常にわかりやすく、実践的な回答です。係長試験では、課長が面接官を務めることが多く、現場でどのように補佐してくれるのかを見ています。理想論ではなく、現実的な視点で回答することが大事です。

＼ NG ／

✕ 悪い回答例

Q 課長と意見が合わないときにどう対応しますか。

A ある程度は自分の意見を述べますが、それでも意見が合わないときには課長の意見に従います。私もいくつかの職場を経験しましたが、やはりどうしても意見の合わない人はいるものです。それを無理やり合わせようとしても、徒労に終わることがほんどです。ですので、ある程度の意見を言ってダメなら、課長に従います。

Q ある程度意見を言うとは、どの程度ですか。

A 軽く一言、二言程度です。当然ですが、組織として仕事をしているのですから、上司に強く意見を言っても仕方ありません。

Q 仮に、部下も課長の意見に納得していなかったら、どうするのですか。

A 諦めてもらうしかありません。やはり「意見が合わない人はいるものだ」と、部下を諭したいと思います。

ここがイマイチ 😫💢

「上司と意見が違ったら、諦めるしかない」という虚無感があり、これでは面接官も本当に係長に昇任させて良いのか、不安に感じてしまいます。課長と意見をすり合わせるなどの対応が必要です。

Q 課長と意見が合わないときにどう対応しますか。

A まずは、できるだけ課長と話し合いたいと思います。単に勘違いや認識のずれで、意見が合わないということも考えられますので、まずは話し合いが重要です。仮にそうでなかったとしても、こちらの考えもきちんと伝えたいと思います。

Q その際、どのように課長に説明しますか。

A 当然ですが、感情的にならず、できるだけ論理的に話したいと思います。例えば、自分の意見のメリット・デメリットを明確にするなどして、すり合わせができる点はないかなども確認したいと思います。

Q 仮に、十分に話し合ったとしても、意見がまとまらなかったときはどうしますか。

A その際は、課長の意見に従います。課の最終的な判断は課長が行いますので、意見がまとまらなければ、当然、課長に従います。また、そのことは部下にもよく説明して理解してもらいます。組織として一度決定したことについては、全員で達成できるように取り組みます。

ここが **ピカイチ** 😊✨

課長と意見が異なるときは、まずは十分に話し合い、それでまとまらなかったときは、課長に従う。これは係長として重要なことです。部下への対応を含めて、係長としてのあり方をわきまえています。

\ NG /
×
悪い回答例

Q 課長が多忙で話す時間がないときはどうしますか。

A 課長に話す時間を確保するように要請します。課長と係長が十分に話せなければ、意思の疎通を図ることができません。これでは、業務に支障が生じてしまいますし、部下のやる気にも大きく影響します。こうした問題点を課長に説明し、時間を確保するように強く求めていきたいと思います。

Q ただ、実際には課長は、議会や住民への対応などで多くの時間をとられ、時間を確保できない場合もあるのではないですか。

A 確かにそうかもしれません。そのような場合は、始業時間前に係長会を開催したり、終業後に打ち合わせの時間を設けたりするなどの工夫をしたいと思います。いずれにしても、何らかの方法で時間を確保します。

Q そうした場には、係員も出席させるのですか。

A 必要なら出席させ、直接課長と話す機会を設けます。

ここがイマイチ 😫

「部下と話す時間を確保しない課長が悪い」かのような回答になっており、係長としては疑問です。始業前や終業後の会議も、1回や2回ならわかりますが、常態化してしまうのであれば問題です。

Q 課長が多忙で話す時間がないときはどうしますか。

A コミュニケーションの不足が、業務を進めるにあたって問題となっているようであれば、一度話し合う時間を課長に確保していただくことも必要かもしれません。もし特に業務に支障をきたしていないようであれば、別の方法でコミュニケーションを確保できないか考えてみたいと思います。

Q それは、具体的にどのような方法ですか。

A 簡単な報告や連絡事項であれば、庁内メールを活用します。また、課長の席上に必要なメモを残すことも、定番ですが有効だと思います。さらに、場合によっては課長から防災用個人アドレスをお聞きし、それを活用した連絡も考えられます。いずれにしても、課長と相談して決めていきたいと思います。

Q 定期的に課長と話す機会を確保しなくても良いのですか。

A 内容によると思います。方針の決定や人事に関することなど、じっくり意見交換をしなければいけないときは、やはり直接話す必要があると考えます。

ここがピカイチ 😊✨

忙しい課長といかにコミュニケーションをとるかは、職場によっては重要なテーマです。そのコミュニケーションのルール化を様々な視点から検討しており、十分に面接官を納得させる内容です。

\ NG /

✕

悪い回答例

Q 課長から不当な事務処理を命じられたら、どのように対応しますか。

A まずは、不当な事務処理の内容やその理由を確認したいと思います。その上で、上司の指示に従います。

Q それは、具体的にどういうことですか。

A 違法な内容であれば問題ですので、その指示に従うことはできません。しかし、不当は、法に違反していないものの、制度の目的から見て適切でないこととされます。裁量の範囲逸脱・濫用に至らない程度の不合理な行使です。このため、基本的には許容される範囲内ですので、上司の指示に従います。

Q しかし、それでは不利益を被る住民なども出てくるのではないですか。

A 確かにそうかもしれませんが、違法でないならば問題はありません。そもそも上司もそのことを踏まえた上での指示だと思います。

ここが イマイチ 😫

「違法でなければ問題ない」「上司が指示したのだから良い」という考え方になってしまっています。しかし、これでは問題が起きてしまいます。係長として意見を述べるなど、主体的な対応が必要です。

Q 課長から不当な事務処理を命じられたら、どのように対応しますか。

A まずは、不当な事務処理の内容やその理由を確認したいと思います。

Q それは、具体的にどういうことですか。

A 例えば、命じられた事務処理が違法な内容であったり、違法でなくても公平性を欠くような指示であったりすれば、問題です。それに従うことは、かえって全体の利益を損ねてしまうことになります。そのため、内容や理由を確認するとともに、上司の指示に従うことは問題があることを説明したいと思います。

Q それでも上司から事務処理を行うように指示があったら、どうしますか。

A その場合は、他の係長にも相談した上で、課長の上司である部長の判断を仰ぎたいと思います。また、公益通報制度の活用を考えることも必要だと思います。

ここが**ピカイチ** 😊✨

係長としての対応が明確です。不当な内容は必ずしも違法とは限らないため、まずは、内容や理由の確認が重要です。その上で、問題がある場合に係長として行うべきことを明確に説明しています。

\ NG /

× 悪い回答例

Q 課長に業務改善を命じられたら、どのように対応しますか。

A まずは、課長から改善の目的やスケジュールに関する具体的な内容を確認したいと思います。

Q 課長からは到達点や期限だけが示され、「具体的な対応方法は任せる」と言われたら、どうしますか。

A その場合でも、できるだけ具体的な指示をしてもらうようにお願いします。単に「業務改善をしろ」と言われても困ります。また、後になって、認識がズレていたことがわかっても困りますので。

Q 係員から「そのような業務改善はできない」と反対の声が上がったら、どうしますか。

A 課長からの指示ですので、「できないとは言えない」と伝えます。

Q しかし、それでは部下の不満が高まりませんか。

A そうかもしれませんが、課長命令なので仕方ありません。

ここがイマイチ 😖

主体性が欠けています。課長に具体的な指示を求める、部下に「できないとは言えない」と言うなどでは、係長としての判断をしていません。これでは、課長からも部下からも信頼を失ってしまいます。

＼ OK ／

○ 良い回答例

Q 課長に業務改善を命じられたら、どのように対応しますか。

A まずは、課長が求める到達点やスケジュールなどを確認し、共有したいと思います。その後、係会を開催し、係員にその内容を伝えて、意見交換の後、具体的な方法を決定します。そして、その内容を実施していきます。

Q 課長の求める内容のレベルが高くて、実現が難しい場合は、どうしますか。

A そうした場合は、どこまでが実現可能なのかを説明したいと思います。単に「できません」とは言えませんので、妥協点を見つけたいと思います。

Q 係員から「そのような業務改善はできない」と反対の声が上がったら、どうしますか。

A 当初、課長と認識を共有する段階で、実現困難な内容であれば、そのことを課長に話します。しかし、そうした内容でないならば、係長として実現可能と判断したということになります。このため、係員に丁寧に説明したいと思います。

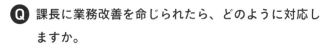

ここがピカイチ 😊✨

課長と認識を共有した上で、係長としての判断も行っていて、良い内容となっています。また、難色を示す係員にも丁寧に対応しようとしており、無理強いをしていない点も評価できます。

第**3**章

「管理職試験面接」の
頻出問答例20

管理職への登用は「入学基準」。つまり、係長として
実績を上げている人を昇任させるのではなく、課長
にふさわしい行動をとっている人が昇任されます。
課長の視点に立った回答を心がけましょう。

なぜ課長になろうと考えたのですか

Q なぜ課長になろうと考えたのですか。

A 課長から強く勧められたからです。このところ管理職試験の受験者数が減り続けていて、毎年、課長から受験するように勧められていました。あまり、乗り気ではなかったのですが、課長から「ぜひ、受験してみろ」と言われたので、今年は受験することにしました。

Q 課長として、どのような仕事をしてみたいですか。

A 「特にこれをやりたい」という強い希望はありません。しかし、もし課長になったのであれば、当初はまだ課長というポストに慣れないと思いますので、過去に経験した業務から始めたいです。

Q 課長に対してどのようなイメージを持っていますか。

A これまでの課長を見ていると、とにかく忙しいこと、そして議員への対応が大変だなと思っています。

ここが イマイチ 😫

志望理由がとても消極的で、課長に昇任させて良いか、面接官は不安に感じてしまいます。「自分は課長として、これをやりたい」というものもなく、面接の回答としては適当ではありません。

\ OK /

○ 良い回答例

Q なぜ課長になろうと考えたのですか。

A これまで以上にダイナミックな仕事がしたいからです。課長になると、課の方針を決定したり、自ら制度設計をしたり、できる仕事の幅が格段に広くなります。当然その分責任も重くなるわけですが、やりがいも大きくなると思います。自分の成長も期待できるので、ぜひ課長になりたいと思いました。

Q 課長として、どのような仕事をしてみたいですか。

A どのような仕事にもチャレンジしてみたいと思いますが、できれば福祉の業務に従事してみたいと思います。と言いますのは、私は最初の配属先が福祉課で、少し経験があるからです。また、これからの超高齢社会を考えると、ますます福祉は重要になっていきますので、担当できたら嬉しいです。

Q 課長になると、議員対応や部下の育成など、これまで以上に仕事が大変になりますが、大丈夫ですか。

A 確かに業務量は増えますが、それだけ自分の裁量が増えますので、手応えも大きくなり、より充実できると思います。

ここがピカイチ 😊✦

志望理由が積極的かつ明確です。また、課長になったら何をしたいのかもきちんと面接官に伝えられており、説得力がある回答になっています。

\ NG /

× 悪い回答例

Q どんな課長になりたいですか。

A あくまで理想ですが、部下から尊敬される課長になりたいと思っています。具体的には、明確で間違いのない指示を出せる、リーダーシップを発揮して部下をまとめる、そつなく議会答弁ができるなどが理想です。

Q では、そうした課長になるためには、どのようなことが必要だと思いますか。

A たくさんの本を読むことだと思います。部下への指示の方法や、リーダーシップについては多くのビジネス書が市販されています。こうした本を読むことで、リーダーのあるべき姿を学び、理想の課長に近づいていきたいと思います。

Q 実際に部下に対して、どのように接するのですか。

A 部下には、日頃から困っていることはないかを聞き、皆の不満がたまらないようにしたいと思います。

ここが イマイチ 😣

説得力のない回答になっています。尊敬されるというのは結果であって、目指すべき具体的な姿ではありません。また、部下に御用聞きのように不満がないかを聞く行動は面接官に疑問視されます。

Q どんな課長になりたいですか。

A 理想の課長像はいくつかあるのですが、まずはぶれない課長になりたいと思います。

Q ぶれない課長とは、具体的にどのような課長ですか。

A 一度決定したことについて、ころころ方針を変えずに、目標に向かって行動する課長です。私は、どちらかというと優柔不断な面があり、人の意見に左右されやすいところがあります。しかし、朝令暮改を繰り返していては、部下も安心して仕事ができませんし、組織として混乱を招いてしまいます。このため、ぶれない課長を目指します。

Q 一度決めたら、判断は絶対に変更しないのですか。

A 絶対ではありません。例えば、一度判断を下した後に、事故や事件などの想定外の出来事が発生したり、その後に環境が変化したりすることもあります。こうした場合は、臨機応変に対応することが必要です。このような特別な状況がないかぎり、多少の批判があっても判断を変えないようにするのが、自分の理想とする課長像です。

ここが**ピカイチ** 😊✨

理想とする課長像が明確です。この問いに対して、回答は、ぶれない課長でも臨機応変に対応できる課長でも、どちらでも良いのですが、その後でどのように説明するかが重要です。

課長と係長の
最も大きな違いは何ですか

\ NG /

×

悪
い
回
答
例

Q 課長と係長の最も大きな違いは何ですか。

A 課長は人事権を持っていることが最も大きな違いだと思います。係長は部下の異動に対して課長に意見を言うことはできますが、決定はできません。これに対して、課長であれば部下の異動や配置について決定する権限を持っています。この点が最も異なると思います。

Q では、人事権の行使について課長として注意すべき事項はありますか。

A 恣意的・強権的にならないようにすることです。私は、皆が納得する人事を心がけたいと思います。このため、あまり独断で決めず、異動や配置についても係長に相談して、決めていきたいと思います。

Q 例えば、係長と課長の意見が異なったら、どうするのですか。

A なるべく皆の不満がないようにするため、係長の意見を優先したいと思います。

ここがイマイチ 😖

確かに人事権については、課長に権限があります。しかし、このように係長にすべて相談して決め、意見が分かれたときには係長に従うのでは、課長としての役割を果たしたとはいえません。

Q 課長と係長の最も大きな違いは何ですか。

A 課長は、課の方針を決定して、それを実行する権限を持っていることが最大の違いです。確かに、係長も方針についていろいろ意見を言うことはできますが、決定するのはあくまで課長の権限です。それは権限が大きいということでもありますが、責任も重くなるので、注意が必要だと思います。

Q 課長として、どのような点を注意すべきでしょうか。

A 方針の決定には、多くの人の意見を聞き、多角的な判断が必要です。熟慮せずに決定しては、後で混乱を引き起こし、部下にも迷惑をかけてしまいます。

Q 判断に時間がかかってしまいませんか。

A はい。事案の内容によりますが、時間がかかる場合もあると思います。しかし、常にスピード感を意識して判断します。また、一度決定したならば、迅速に実行することが必要です。少しでも早く実現できるように、部下にも説明し、全力で対応します。実現までに時間を浪費してしまっては、議員を含め、関係者の理解が得られません。

ここが **ピカイチ** 😊✨

係長との違いを明確に説明しているとともに、回答の中で理想とする課長のイメージを述べており、とてもわかりやすい回答になっています。

04 部下を指導する際に大切なことは何ですか

＼ NG ／

✕ 悪い回答例

Q 部下を指導する際に大切なことは何ですか。

A 私は、積極的に研修に参加させることが最も重要だと思います。なぜならば、市の研修は大変充実しており、職層別や実務別をはじめ、各種講演会など、多くのメニューがあります。日頃の実務から離れて、改めて自分の状況を振り返り、学習することが最も成長できる機会だと思います。

Q 課長が直接行う部下指導については、どう考えていますか。

A 一般職員については、課長よりも実際には頻繁に接する係長からの指導が重要だと思います。係の業務や服務など、実務に役立つ指導が得られると思います。係長に対しては、ある程度年齢を重ねているので、細かな指示は特に不要かと思います。

Q そうすると、あまり課長の出番はないようですね。

A 職員から申し出があれば、当然対応しますが、それ以外は実際にはほとんどないと思います。

ここが イマイチ 😣

課長としての指導の意味を理解していません。確かに研修も重要ですが、係長が部下指導に困っていたり、係長自身の行動に課題があったりするときには、課長として指導することが必要です。

Q 部下を指導する際に大切なことは何ですか。

A 部下指導にはいろいろな方法がありますが、私は、職員それぞれの特性に応じた指導が最も重要だと考えます。なぜならば、職員は一人ひとり異なります。このため、「この職員にはどのように指導したら、最も効果的なのか」に注意して指導していきたいと思います。

Q 具体的な指導の例があれば、教えて下さい。

A 例えば、消極的な性格なものの、説明が得意な職員がいるとしたら、住民説明会での説明を任せるように係長に指示し、実際にやらせてみます。そして、説明会後に皆の前でほめて、他の職員にスキルを知らせるとともに、その職員のモチベーションを高めます。こうすると、さらにプレゼン能力を高めることができると思います。

Q 職員の良いところを伸ばすということですか。

A 先の例はそうですが、例えば資料作成が苦手な職員に何回か資料を作成させ、その成長をほめます。こうして、弱点を克服させる指導もできると思います。

ここが ピカイチ 😊✦

実際の指導例を説明することで、面接官はこの受験者がどのように指導するのかがよく理解できます。また、係長や職員本人から依頼があれば、職員と直接話して指導することもあります。

05 係長と係員が対立していたら、どう対応しますか

\ NG /
×
悪い回答例

Q 係長と係員が対立していたら、どう対応しますか。

A 組織としては係長が上席になりますので、基本的には係員は係長の指示に従うべきだと思います。このため、課長としては係長と共に話し合い、今後の方策について検討します。

Q 係員の話は聞かないのですか。

A 係員の話を聞くと、係長は面白くないはずです。係長の面子を潰さないために、やはり係長を立てつつ事態を収拾していくことが重要です。このため、すぐに係員の話を聞くのは得策ではないと考えます。

Q 実際には、係長に非がある場合もありませんか。

A 確かに、そうしたケースもあるかもしれません。しかし、「係長は間違っていて、係員が正しかった」ということになると、係長の顔を潰してしまい、組織としての体面が保てなくなります。これでは、組織運営上、問題があると考えます。

ここがイマイチ 😣

係長に肩入れしすぎています。実際にこのような対応をとると、係員から反感を買う可能性もあり、対応としては疑問が残ります。やはり、両者の話を聞き、解決策を見いだすことが必要です。

Q 係長と係員が対立していたら、どう対応しますか。

A まずは、係長を呼び出して話を聞きます。課長としてはまず係長に話を聞き、状況を把握します。次に、係長にわからないように、さりげなく係員を呼び、同じように話を聞きます。このように両者の言い分を聞いた上で対応したいと思います。

Q 話を聞いた上で、どのように対応するのですか。

A 例えばどちらか一方に非がある場合は、非のある側にそれを諭します。その上で、両者に対して、相手の言い分を私からそれとなく伝えます。あくまで仕事ですから、お互い多少の割り切りは必要だと諭して理解してもらうようにします。

Q 直接両者を話し合わせることはしないのですか。

A ケースバイケースだと思います。両者が話し合える状況であれば、私も同席して話し合いの場を設けます。しかし、直接対峙させることが、かえって事態を複雑化させてしまうのであれば、時間をかけながら融和を図っていくのが得策だと思います。

ここが ピカイチ 😊✨

両者の間に入り、上手く事態を収拾させようとしています。係長の面子を保ちつつ、係員の意向も十分に汲み取った上で、解決に乗り出そうとする姿勢は、現実的な対応といえます。

\ NG /

✕

悪い回答例

Q 部下が「ハラスメントです」と訴えてきたら、どうしますか。

A まず、本人に事実の確認を行います。そのように考えるようになった事実を正確に把握します。その上で、自分にハラスメントという認識がなければ、その旨を説明します。

Q その説明に納得しなかったら、どうするのですか。

A その場合は、また別の機会を設けて、改めて話し合いたいと思います。こちらにはハラスメントという認識がありませんので、そのことを丁寧に説明して、理解してもらいたいと思います。

Q それでも納得せずに、人事課や職員団体に訴えると言ってきたら、どうしますか。

A 何とか納得してもらうように、根気よく説明をしたいと思います。話せば、きっとわかってもらえると思います。

ここがイマイチ 😵‍💫

ハラスメントの問題を当事者間だけで解決するというのは無理があります。また、このように話を長引かせてしまうと、「隠ぺいしようとしている」と思われてしまうので、かえって逆効果です。

Q 部下が「ハラスメントです」と訴えてきたら、どうしますか。

A まず、その事実を確認します。その上で、これまでの部下に対する自分の行動や言動を振り返り、ハラスメントではないと考えれば、そうした認識はないことを伝えます。

Q それでも、「ハラスメントです」と部下が訴えてきたら、どうしますか。

A その場合は、人事課へ相談するように話をしたいと思います。このような段階になってしまったら、既に当事者間で解決するのは困難ですし、かえって問題をこじらせてしまう可能性があります。このため、正式な窓口である人事課へ相談するように伝えます。

Q あなたはどのように対応するのですか。

A まずは、上司である部長に報告に行きます。また、後日、人事課によるヒアリングへの対応のため、必要な資料などをまとめておきたいと思います。さらに、他の職員や業務に影響がないのかも注意を払いたいと思います。

ここが**ピカイチ** ☺✦

正式な相談機関である人事課に対応を任せているのが良い点です。両者の認識が異なるのであれば、当事者間で解決することは困難です。このため、人事課などに対応を任せることが適切です。

07

職場で孤立している部下がいたら、どのように対応しますか

\ NG /

✕

悪い回答例

Q 職場で孤立している部下がいたら、どのように対応しますか。

A 一般職員の場合は、まず係長に対応させます。毎日、係長は職員と関わっているので、よく状況を把握しているはずです。そのため、解決策を講じるように指示します。

Q 課長として、直接の対応はしないのですか。

A 係員を指導するのは、第一義的には係長の役割です。係長ではどうしても手に負えないということであれば、課長として支援することもあるかと思います。しかし、係長の育成という面もありますので、まずは係長に対応させます。

Q 係長が職場で孤立している場合は、どうしますか。

A まずは、課長として話を聞きます。しかし、係長が職場で孤立しているようでは、職責を果たしているとはいえないので、異動などを勧めます。

ここが イマイチ 😣

一般職員の指導を係長任せにしています。また、職場で孤立している係長に異動を勧めており、これでは課長として人材育成を行っているとはいえません。

\ OK /

○ 良 い 回 答 例

Q 職場で孤立している部下がいたら、どのように対応しますか。

A その孤立している部下が係長の場合は、すぐに呼び出して話を聞きます。一般職員の場合は、まずその直属の上司である係長に話を聞きたいと思います。

Q 職場で孤立している係長には、どのように対応するのですか。

A まず、本人がどのように考えているのか、また孤立している原因などを確認したいと思います。例えば、部下である係員との間で対立が生じてしまっているようであれば、対策を考えなくてはなりません。そうした場合には、係員との話し合いも必要かもしれません。

Q 一般職員が孤立していて、係長も対応に苦慮していたら、どうしますか。

A その場合は、その職員を呼び出して1対1で話し合います。本人の考えや孤立している原因などについて意見を交わし、解決策を一緒に考えます。

ここが**ピカイチ** 😊✦

部下指導に悩む係長を支援するなど、部下とともに問題を解決しようとしています。課長として人材を育成しようという姿勢が明確であり、説得力のある内容になっています。

08

部下が「異動したい」と言ってきたら、どう対応しますか

\ NG /

× 悪い回答例

Q 部下が「異動したい」と言ってきたら、どう対応しますか。

A まずは、その職員と話をして、「異動したい」と言う理由を尋ねます。例えば、今の仕事がイヤだとか、係長が嫌いだなどが理由の場合は、本人のわがままといえます。そうした理由での異動希望は、とても認めることはできません。このため、まずはその真意を確かめることが必要です。

Q 例えば「自分はこの業務に向いていないので、異動したい」と言われたら、どうしますか。

A それはまさにわがままだと思います。与えられた業務を行うことが、組織人のルールであり、職員としての責務です。そのような理由では異動は認められないので、しっかり業務を行うよう説得します。

Q それでも「異動したい」と言われたらどうしますか。

A 仕方ないので、人事課に相談します。

ここが イマイチ 😣

「この業務に向いていないから、異動したい」と言う職員を、単にわがままと決めつけることは問題です。まずは、本人の話を十分に聞いた上で、今後の方向性について共に考えることが必要です。

Q 部下が「異動したい」と言ってきたら、どう対応しますか。

A まずは、その本人とよく話をします。異動したい理由は何かを具体的に聞きます。その内容によって、対応は変わってくると思います。

Q 例えば「自分はこの業務に向いていないので、異動したい」と言われたら、どうしますか。

A 係長の意見を聞きます。係長から見て、やはり問題があるように見えるのか、もしくは表面上はそのように見えず、職員が1人で抱え込んでしまっているのかなど、状況をよく把握します。その上で、再度職員と話し合い、今後の方策について検討します。

Q 異動させるのですか。

A ケースバイケースだと思います。例えば、メンタルの問題にまで発展し、医師から異動が望ましいなどの意見があれば、課内異動によって担当業務を変えるなどの方法もあるかと思います。課内で対応が困難な場合には、人事課に相談し、年度途中の異動をお願いする可能性も考えられます。

ここが**ピカイチ** ☺✦

異動させるか、させないかを早急に判断するのでなく、まずはその理由を本人や係長から探ろうとしている点がGOODです。本人をそのまま在籍させることが困難であれば、異動も必要です。

09

部下のミスで住民への過大支給が起きたら、どう対応しますか

Q 部下のミスで住民への過大支給が起きたら、どう対応しますか。

A まずは、過大支給の件数・金額などを確定させます。また、ミスの原因、当該住民への対応、再発防止策を、担当部署の職員と一緒に考えてまとめます。それらがまとまった後、上層部に報告に行きます。

Q そうすると、報告までにはある程度時間をかけるということですか。

A はい、過大支給の件数や金額などを間違って報告してしまうと、上層部を混乱させてしまいます。このため、ある程度の時間がかかっても内容を正確に把握することが重要だと思います。

Q 再発防止策をまとめるとなると、かなりの時間がかかることも想定されますが、それで良いのですか。

A 既にミスをしているので、二度とミスがないように完璧な内容にすることが大事だと思います。

ここがイマイチ 😖💦

この対応では、上層部への連絡がかなり遅くなってしまいます。これでは、「報連相」という面からも問題です。また、当該住民への対応が遅くなってしまうことで、事態を悪化させてしまう可能性もあります。

Q 部下のミスで住民への過大支給が起きたら、どう対応しますか。

A 担当部署と連携し、まず過大支給の件数・金額、ミスの原因と当該住民への対応をまとめます。また、可能ならば再発防止策も考えます。それらをできるだけ早く部長などの上層部に報告します。

Q なぜ「できるだけ早く」伝えるのですか。

A こうしたミスは、場合によっては住民からの問い合わせなどがあり、先に上層部の耳に届くことがあります。報告がなければ、上層部も対応することができません。また、ミスはできるだけ早期に組織で共有することが、危機管理の面からも必要だと思うからです。

Q その後は、どのような対応をするのですか。

A 上層部からの指示も踏まえた上で、まずは当該住民への対応が第一です。その後、再発防止策も含めて、プレス発表、議会への報告などを行うことになると思います。

ここがピカイチ 😊✨

たとえ過大支給の全容が把握できない場合でも、まずはミスがあった事実を早期に上層部に連絡することが必要です。後日、件数や金額が変更になることもありますが、まずは報告が先決です。

\ NG /

× 悪い回答例

Q LGBTの職員にどのように対応しますか。

A 現在では、LGBTの人も増えていることから、職員の中にいたとしても不思議ではありません。このため、特別な扱いをする必要はないと思います。

Q しかし、「職場でプライベートな話がしづらい」「人に相談しにくい」など、LGBTの職員特有の悩みなどもあると思うのですが。

A それらはプライベートの問題であって、職場でプライベートな話をしなければ済むかと思います。今では、あまり職員のプライベートに踏み込むような会話はなくなっていますし、役所として特に何か対応しなければいけないという内容ではないと思います。

Q それでは、部下がカミングアウトしてきたら、どうしますか。

A その場合は、当然話を聞きます。

ここがイマイチ 😖

LGBTの当事者は、ハラスメントを受けやすいなどの不利益を被りやすい状況を理解していません。これでは、現在の社会状況を理解しているとはいえず、人権感覚も疑われてしまいます。

\ OK /

○

良い回答例

Q LGBTの職員にどのように対応しますか。

A 例えば、部下から性自認などに関するカミングアウトがあった場合には、「どこまでオープンにして良いか」と、「何か配慮してほしいことがあるか」の2点を確認します。

Q それは、具体的にどういうことですか。

A 例えば、日々の業務や今後の異動を考えると、係長や人事課に伝えておいたほうが良い場合も考えられます。また、私では気づかない、職場の制服や、役所における相談機能の充実などに配慮してほしいというような意見が出る可能性があると考えられるからです。

Q その他に課長として注意すべき点はありますか。

A LGBTの職員の有無にかかわらず、誰もが働きやすい職場をつくることは課長にとって重要な役割です。このため、LGBTに限らず、障害者、外国人など、多様性を尊重し、職員の人権感覚を磨くことや、個々の「違い」を受け入れ、認め合い、生かしていくことも重要と考えます。

ここがピカイチ 😊✨

内容が非常に具体的です。また、当該職員への対応だけでなく、職場環境の整備、職員の人権感覚にまで言及しており、管理職として深い認識を持っていることもわかります。

11

感染症等で半数の職員しか出勤できない場合、どう対応しますか

＼ NG ／

✕

悪い回答例

Q 感染症等で半数の職員しか出勤できない場合、どう対応しますか。

A 半数の職員だけで通常通りの業務を行うことはできません。このため、そのことを部長に報告しにいきます。

Q どのように部長に報告するのですか。

A 半数の職員しか出勤できないため、業務の継続は困難であることを説明します。そして、業務を縮小するか、他部署からの応援を依頼するか、判断を仰ぎたいと思います。

Q 課長として、ご自身で判断しないのですか。

A このような状況の場合、1つの部署の問題でなく、庁内全体の問題だと思います。このため、部長の判断が必要だと思います。

Q 部長から「半数の職員で、どうにか対応しなさい」との指示があったら、どうしますか。

A 「できません」とはっきりと言います。

ここがイマイチ 😖

部長に判断を任せるだけで、課長としての職責を果たしているとはいえません。また、こうした場合は、BCP（業務継続計画）に基づいて業務を行うのが基本であり、それに言及していない点も問題です。

Q 感染症等で半数の職員しか出勤できない場合、どう対応しますか。

A 基本的には、職場で定めた業務継続計画、いわゆるBCPに基づいて業務を行います。ただし、BCPで想定した人数よりも職員数が少ない場合、さらなる検討が必要となります。

Q 具体的には、どうするのですか。

A 例えば、さらなる業務内容の縮小、リモートワークに対応できる職員への業務の振り分けなどが必要になります。また、どうしても人員が必要な場合は、他部署からの応援も考えられます。さらに、業務の継続が困難な場合は、窓口を閉鎖するなども考えなくてはなりません。

Q こうした場合、1つの部署の問題でなく、庁内全体の問題だと思いますが。

A 確かにそのとおりだと思います。このため、全庁の動向を踏まえつつ、先ほど述べた様々な対応について、部長と相談して決定したいと思います。

ここがピカイチ 😊✨

BCPへの言及、可能な業務の洗い出し、全庁の動向の把握など、幅広い視点で考えている点がGOODです。課長だけで決められることは少ないかもしれませんが、こうした視点を持っておくことは重要です。

12

年度途中に欠員が生じた場合、どのように対応しますか

Q 年度途中に欠員が生じた場合、どのように対応しますか。

A まずは、そうした状況が発生したことを人事課に伝えます。同時に、正規職員や会計年度任用職員による欠員の補充ができないかを確認します。

Q 人事課から、「補充は難しい。年度内は現在の人員体制で対応してほしい」と言われたら、どうしますか。

A 現在の人員では、業務の継続が困難なことを説明します。もともと業務量に応じて職員定数が定められています。このため、欠員状態はおかしいということを説明します。

Q しかし、実際には「補充は難しい」と言われることが多いかと思いますが。

A 確かに、そうです。しかし、それでは職員に過重な負担を強いることになり、問題だと思います。補充することが当然ですし、それが人事課の役割だと思います。

ここが **イマイチ** 😣

例えば、年度末に欠員が生じた場合などは、職員の補充などは行われず、定期的な人事異動と合わせて対応するのが一般的です。そうした実態を踏まえておらず、課長としての資質が疑われてしまいます。

Q 年度途中に欠員が生じた場合、どのように対応しますか。

A まずは、そうした状況が発生したことを人事課に伝えます。同時に、正規職員や会計年度任用職員による欠員の補充ができないかを確認します。

Q 人事課から、「補充は難しい。年度内は現在の人員体制で対応してほしい」と言われたら、どうしますか。

A 実際にそのように言われるケースがほとんどだと思います。ただ、何とか対応できないか、粘り強く交渉することも大事だと思います。しかし、それでも困難な場合には、まずは欠員が生じた部署の係長と相談して、対応を検討します。

Q 当該の係長から、「欠員のままでは対応は困難なので、どうにかしてほしい」と言われたらどうしますか。

A その場合は、他の係長も含めて、担当業務の変更や応援体制の構築などの対応を協議します。ただし、どの係も人員に余裕のある状況ではないので、最終的には課長として判断が必要なこともあると思います。

ここが **ピカイチ** 😊✨

様々なケースが想定できています。実際には、欠員の補充は行われない場合がほとんどで、係長の協力を得ることが必須です。また、係長が納得しない場合でも、課長の責任で判断する自覚が感じられます。

13 リモートワークやオンライン会議の導入にどう対応しますか

\ NG /

悪い回答例

Q リモートワークやオンライン会議の導入にどう対応しますか。

A 導入のメリット・デメリットを検証した上で、導入すべきかどうか、また、どの程度導入するかなどを検討します。

Q リモートワークやオンライン会議の導入については、庁内の方針もあると思うのですが。

A はい、確かにあると思います。しかし、導入によって職員や住民に混乱を招いてしまっては、本末転倒です。このため、職場の実態を踏まえて、それぞれの職場で個別具体的に判断すべきだと考えています。

Q そうすると、導入しないこともあるということですか。

A はい、あると思います。

Q それでは、庁内の方針に反しませんか。

A それも仕方ないと思います。

ここが イマイチ 😖

リモートワークやオンライン会議の導入については、まずは庁内の方針に基づいて考えることが必須です。その上で、どうしても導入が困難な場合は、部長などとも相談して対応を考えることが必要です。

Q リモートワークやオンライン会議の導入にどう対応しますか。

A 庁内の方針に従って、導入を進めます。リモートワークについては、業務に支障がないように職員体制を組んだり、情報の共有化を図ったりすることが大事です。また、オンライン会議についても、特に問題がなければ順次導入します。

Q リモートワークの導入に部下から反対の意見が出たらどうしますか。

A 庁内の方針がある以上、導入する必要があります。また、通勤が不要になるなどの働きやすさの面でのメリットや、災害時対応にもつながることを説明したいと思います。

Q では、オンライン会議のデメリットは何だと思いますか。

A 参加者の雰囲気や表情をつかみにくいため、議論が深まらないことがあります。このため、回数を重ねて、職員が慣れていくことも必要だと思います。

ここがピカイチ 😊✦

庁内の方針を前提に、「いかに導入するか」を考えている点が評価できます。また、導入にあたっての問題点や、職員の反対への対応についても言及しており、幅広い視点で考えていることがわかります。

14 業務の効率化や DX 推進に、どのように取り組みますか

\ NG /

✕

悪い回答例

Q 業務の効率化やDX推進に、どのように取り組みますか。

A これらは住民サービスの向上や、職員の負担軽減にもつながることから積極的に導入すべきだと思います。

Q 課長として、具体的にどのように対応しますか。

A まずは、庁内の方針を踏まえて、具体的な内容について部長と相談します。どのようなことができるのかを検討し、スケジュールなどを決定したいと思います。

Q 部下に意見を求めないのですか。

A こうした場合、だいたい部下は反対します。このため、意見を聞いてしまうことで、かえって進捗が遅れてしまうので、相談しない方が良いと思います。

Q その後、どうするのですか。

A 決定した内容を部下に伝えます。そして、スケジュールに従って、実施してもらいます。

ここが イマイチ

部長と内容を相談して部下にやらせるというトップダウンでは、部下に「やらされ感」が募ります。また、課の業務について部長が詳しいとは限らず、具体的な内容を決めるというのは無理があります。

Q 業務の効率化やDX推進に、どのように取り組みますか。

A これらは住民サービスの向上や、職員の負担軽減にもつながることから積極的に導入すべきだと思います。庁内の方針にも留意しながら、課として何を行うべきか、またどんなことができるのかを検討することが必要です。

Q **課長として、具体的にどのように対応しますか。**

A まずは、各係長に指示し、業務上、課題に感じていることやどのようなことができるかの洗い出しをしてもらいます。その後、係長会で検討したり、課内でプロジェクトチームを編成したりして、内容を具体化するとともに、部長にも報告します。部下を育成する良い機会にもなると思います。

Q **内容によっては、予算や他部署との調整が必要なこともあると思うのですが。**

A そうしたものは、別途対応が必要です。このため、まずは「できるものから着手する」という考え方で進めたいと思います。

ここが**ピカイチ** 😊✨

部下を上手く巻き込み、ボトムアップで対応を考えています。こうすることで、部下も「自分たちで考えた」と積極的に関わるようになります。

15 議員から業者を紹介されたら、どのように対応しますか

悪い回答例

Q 議員から業者を紹介されたら、どのように対応しますか。

A はい、基本的には「対応できない」とお断りしたいと思います。そうした個別の議員からの特定の業者の紹介による不正が、全国各地の自治体で発生しています。このため、対応しないことが望ましいと考えます。

Q しかし、議員からの依頼は断りにくいのではないですか。

A はい、確かに難しい面もあると思います。しかし、不正を起こさないためにも、断固拒否する姿勢が必要だと思います。

Q 議員から、執拗に依頼があった場合には、どうしますか。

A はい、それでも断ります。あまりにもしつこい場合は、部長に相談します。

ここがイマイチ 😖

議員対応の実態を理解していません。業者紹介を独自に禁じる議会もありますが、実際には議員が業者を紹介することは非常に多いのが現実です。このような回答は面接官を不安にさせてしまいます。

\ OK /

◯ 良い回答例

Q 議員から業者を紹介されたら、どのように対応をしますか。

A まずは、お話をよく聞きます。おそらくは、物品の販売など、業者のサービスの紹介だと思うのですが、その内容をきちんと把握することが大事だと思います。

Q 例えば、議員からそうした業者のサービスを購入するように話があったら、どうしますか。

A 本当に、そのサービスが必要なのかを検討し、係長などとも相談したいと思います。また、そもそも入札が必要なケースもあります。そうしたことを踏まえて、適切に対応します。

Q 議員から、執拗に購入するように依頼があった場合には、どうしますか。

A はい、そうした「無理強い」は問題があることを説明します。これが世間に判明してしまえば、大きな問題になってしまいますので、こうしたことを説明して、納得してもらいます。

ここがピカイチ 😊✨

現実的な回答になっており、問題ありません。ただ、こうした議員による業者紹介については、自治体で独自のルール（必ず記録を残すなど）を設けている例もあるので、確認しておくことが必要です。

16 議員に「答弁に納得できない」と言われたら、どうしますか

Q 議員に「答弁に納得できない」と言われたら、どうしますか。

A すぐにお詫びにいきます。自分の説明や表現が適切でなかったと思いますので、その点を謝罪したいと思います。

Q ということは、すべて課長に非があるということですか。

A たとえ内容に間違いがない場合でも、議員に疑念を抱かせてしまったのであれば、課長として落ち度があったことになります。このため、「非がある」とまでは言えませんが、今後の議員との関係を悪くしないためにも謝罪が必要だと思います。

Q しかし、それでは「ならば答弁を修正しろ」と言われてしまうのではありませんか。

A さすがに答弁を修正することはできませんので、その点は丁寧に説明して、理解していただきます。

ここがイマイチ 😫

こうした対応は疑問が残ります。答弁の内容が間違っていなければ、そのことをきちんと説明して、納得してもらう必要があります。「とにかく謝罪する」では、今後も同様のことが起こってしまいます。

Q 議員に「答弁に納得できない」と言われたら、どうしますか。

A 自分の答弁の内容が間違っていないのならば、その答弁に納得してもらうように説明することが必要だと思います。

Q 具体的にどのように説明するのですか。

A 答弁の内容は決して個人的な考えではなく、あくまで自治体としての考えです。このため、その点を議員に対して丁寧に説明し、理解を求めることが重要だと思います。

Q それでも「納得できない」と言われたら、どうしますか。

A 確かに物別れで終わってしまうこともあるかと思います。そうした場合は、対応について部長に相談したいと思います。経験豊富な部長のお知恵を借りて、対応を考えます。また、場合によっては、部長とともに議員に会いに行き、事情を説明して、理解を得るという方法もあるかと思います。

ここが**ピカイチ** 😊✨

毅然とした対応です。実際には、相手の議員が与党会派なのか野党会派なのかなどで対応が異なることもあります。しかし、いずれの場合も、まずは「自治体の考え」であることを説明することが大事です。

NG

✕ 悪い回答例

Q 他部署の課長が協力してくれない場合、どう対応しますか。

A まず、部長に相談します。協力してくれないのでは、仕事も進みません。これでは、行政の停滞を招いてしまい、住民にとっても不利益が生じてしまうことを説明したいと思います。このため、部長に対して、当該課長とのやり取りやこれまでの事情などを詳しく話します。

Q 部長に相談して、その後どうするのですか。

A 部長の理解を得ることができたら、相手方の部長に話してもらいます。そうすれば、相手の課長も理解してくれると思います。

Q 協力を求める内容が、あくまでこちらがお願いする立場ということもあると思うのですが。

A それでも助け合うのが組織ですから、協力を依頼したいと思います。

ここがイマイチ 😫

協力を依頼する内容について、十分に考えられていません。自分の課の都合で、他部署の課長に依頼する場合もあります。また、課長としては部長に依頼するだけで、主体的な行動をしているとはいえません。

○ 良い回答例

Q 他部署の課長が協力してくれない場合、どう対応しますか。

A 「他部署の課長が協力してくれない」ということは、おそらく係長が折衝した際に、当該部署の係長にそのように説明されたのだと思います。それであるならば、課長同士で話し合う必要があると思いますので、私が話に行きます。

Q 課長自身が話しても協力を得られない場合は、どうしますか。

A 内容によると思います。あくまでこちらのお願いということであるならば、諦める場合もあると思います。しかし、住民サービスの観点などから必要と考えれば、再度説明するか、あるいは他の方法を考えます。

Q 他の方法とは、具体的にどういうことですか。

A 例えば、部長などの上層部に説明します。そこで、納得を得られたら、上層部から相手方の部長などに話してもらうという方法もあると思います。

ここが **ピカイチ** 😊✨

いろいろな場面を想定した回答です。また、依頼内容によって対応を変えている点も現実的です。こちらの一方的なお願いの場合は、協力を得られなくても仕方ありません。

＼ NG ／

✕ 悪い回答例

Q 部長からの指示に部下が反対したら、どう対応しますか。

A 不正でもないかぎり、上司である部長からの指示は絶対に従わなくてはなりません。このため、意義や理由を説明して、何とか納得してもらいます。

Q それでも部下が反対したら、どうしますか。

A 説明しても納得が得られないのであれば、強制するしかありません。公務員は、地方公務員法に定められているとおり、上司の職務上の命令に従う義務があります。「これは職務命令だ」と説明して、部下にやらせます。

Q しかし、それでは部下から反発されてしまうのではないですか。

A 確かにそうしたこともあると思います。しかし、納得を得られないのならば、それも仕方ありません。また、そうした態度は処分の対象になることも、併せて説明したいと思います。

ここが イマイチ 😣

説明し、納得を得られなければ職務命令だと強制する対応は、一方的な印象を受けます。強権的な課長とみなされ、部下からの反発も必至です。面接官としては、不安の残る回答になってしまっています。

Q 部長からの指示に部下が反対したら、どう対応しますか。

A まずは、丁寧にその意義や理由を説明したいと思います。部長からの指示ということであれば、当然思いつきや安易な考えなどではなく、きちんとした理由・目的があるはずです。こうした点について説明したいと思います。

Q それでも部下が反対したら、どうしますか。

A 部下と部長では視点が異なるため、なかなか部下の理解を得られないこともあると思います。しかし、だからこそ、その中間にいる私が課長として、両者の立場を踏まえながら必要性などを説明します。また、場合によっては方法の変更などを提案します。

Q 最終的には、強制しないのですか。

A 部下に強制することは、できるだけ避けるべきと考えます。確かに、職務命令として強制することは可能ですが、そうするとわだかまりが残ってしまい、その後の組織運営に影響を与えてしまうからです。

ここが**ピカイチ** 😊✨

部下に丁寧に説明しようとしている点が評価できます。また、方法の変更などを提案している点も、課長としての認識の深さを示しています。指示を強制することは可能ですが、できるだけ避けるべきです。

＼ NG ／

✕ 悪い回答例

Q 部長に不正な事務を命じられたら、どう対応しますか。

A まず、その内容を確認したいと思います。軽微な内容であれば、不正といっても大きな問題ではないと思います。

Q そうすると軽微な内容であれば問題ないということですか。

A はい、実際に起案日の変更や日付を遡っての起案文書の作成などは、どの部署でもやっていることです。また、場合によっては、監査対策や議員からの依頼などでやらなくてはいけないこともあると思います。このため、ある程度のことはやむを得ない面もあると思います。

Q では、許される不正な事務もあるということですか。

A はい、そうです。実際に、そうしたことはよく行われているので、問題ないと思います。

ここが イマイチ 😖

こうした内容では、公務員倫理やコンプライアンスを十分理解していない回答になってしまっています。不正はあくまで不正ですので、軽微か否かを問わず、そのまま従ってはいけません。

Q 部長に不正な事務を命じられたら、どう対応しますか。

A あくまで不正な事務ですので、それに従うことはできません。まずは、そのことを説明するとともに、部長にそのような指示をする理由なども確認したいと思います。

Q そのような対応を行ったとしても、それでも同様の指示があった場合には、どうしますか。

A 部内の他の課長にも相談します。もし、やはり問題があり、従うべきではないという考えであった場合には、一緒に同行してもらい、部長に説明したいと思います。

Q それでも部長の理解を得ることができなかったら、どうしますか。

A その場合は、副市長などの上層部に相談したいと思います。課長として、自分のみで判断することは困難ですので、内容を説明し、ご判断を仰ぎたいと思います。

ここが **ピカイチ** 😊✨

不正な指示に対して毅然とした態度を取っています。また、対応方法についても、他の課長や上層部への相談なども行っており、1人で抱え込まずに組織的に対応している点も評価できます。

20 組合から苦情や抗議があった場合、どう対応しますか

\ NG /

✕

悪い回答例

Ⓠ 組合から苦情や抗議があった場合、どう対応しますか。

Ⓐ まずは、その内容を精査します。本当に苦情や抗議に値する内容なのかを確認し、その上で、妥当でないと考えれば反論します。

Ⓠ 苦情や抗議の中に、「そういうこともあるかもしれない」という内容が含まれていた場合は、どうするのですか。

Ⓐ そうした場合には、こちらの正当性を主張します。内容がすべて正しいというわけでなければ、受け入れる必要はありません。また、非を認めてしまうと、後で困った状況にもなります。このため、まずは正当性を主張します。

Ⓠ しかし頑なに主張すると、対立を深めてしまいませんか。

Ⓐ そうなるかもしれませんが、止むを得ないと思います。

ここが イマイチ 😣

組合からの苦情や抗議に対して、対決姿勢になっています。これでは、組合との間で問題を引き起こしてしまい、良好な関係が構築できません。管理職としての資質に疑問を抱かせる内容になっています。

\ OK /
○ 良い回答例

Q 組合から苦情や抗議があった場合、どう対応しますか。

A その内容をきちんと確認するため、まずは丁寧に話を聞きたいと思います。

Q 話を聞いた後に、どう対応するのですか。

A 内容による思います。例えば、部下が組合にハラスメントなどを訴えたということであれば、事実確認や関係者の聴取など、人事課とともに対応する必要があると思います。しかし、人員要求や執務環境の改善などについては、執行機関としてはすぐに対応できないこともあります。このため、現状や考え方などを説明します。組合も職場の状況などをわかっているので、きちんと話せば理解してくれると思います。

Q 組合への対応で大事なことは何だと思いますか。

A やはり信頼関係だと思います。立場の違いはありますが、住民福祉の向上や働きやすい職場環境の整備などの目的は同じですので、真摯に対応することが重要です。

ここがピカイチ 😊✨

組合に対して真摯に向き合っており、面接官としても安心できる回答になっています。こうした内容であれば、課長として組合と良好な関係を構築でき、きちんと対応できることを想定させます。

第 **4** 章

タイプ別質問の

傾向と対策

本章では、年齢や受験回数、性格など、受験者のタイプ別に、聞かれそうな質問の傾向と回答のポイントをお伝えします。自分のタイプを確認し、しっかりと対策を立てて下さい。

01 受験年齢が若い場合

▶ 周囲からの期待の目

　係長試験でも管理職試験でも、受験年齢が若いということは、過去の主任試験などの合格も早かった方です。管理職試験であれば、主任・係長の両方とも早く合格したということであり、一般に「優秀」「出世コースに乗っている」「役所も期待している、将来の○○候補」などと言われているのが想像されます。

　たとえ本人にそのような意識はなくても、周囲からそう見られている可能性が高いことは理解しておく必要があります。

▶ 視野の広さや想像力があるか

　受験年齢が若い場合は、まず視野の広さや想像力を問われます。

　若いということは、当然のことながら、他の受験者と比較すると職場経験も少ないということになります。係長試験であれば2つ目、3つ目の職場ということになり、その受験者の職場経験は非常に限られています。

　そうすると、面接官から見ると、「役所全体を見渡せているか」という点が気になります。例えば、総務や企画などの「官房系」と言われる職場の受験者であれば、窓口職場や出先事業所などで、いわゆる住民対応ができるのかが、面接官としては気になるのです。

　昇任後は、窓口職場や出先事業所などに配属されることも多いので、受験時に官房系の職場にいたとしても、そうした窓口職場での住民対応ができるかなどの質問をします。特に、住民対応をあまり

経験していない受験者であれば、対応能力はぜひ知りたい項目です。

　現在はモンスタークレーマーなども結構いるので、係長や課長として、逃げたり、部下に任せきりにしたりするのでなく、自ら対応する力があるか、事例などから探っていきます。

　このように、「自分がまだ経験していないことに対しても、広く視野を持っているか」「未経験の業務を想像できるか」などは大きなポイントです。

▶ ストレスに強いか

　次に、ストレス耐性です。

　経験が少ないということは、限られた職場経験しかないわけですから、「これから起こる様々な出来事に対応していけるか」という点も気になります。これは、職務内容についてもそうですが、特に気になるのは部下指導です。

　受験年齢が若い職員が昇任した場合、必ず起こるのは、年上の部下を持つことです。年上部下は、年下上司を良く思っていないケースもありますので、そうした一癖二癖ある部下をどうまとめていくのか、事例などからいろいろと質問されます。この程度の執拗な質問に逆ギレしては、とても面接官は不安に思ってしまいます。

　また、こうした若い受験者が昇任すれば、上層部からも期待され、本人も応えようと努力します。そうした状況の中で、頑張りすぎてつぶれないかということも面接官は気にかけています。

ここがPOINT

　年齢が若い受験者は、視野の広さとストレス耐性に注意する。

02 受験年齢が上限年齢に近い場合

▶ 上限年齢ぎりぎりでの受験

受験者の年齢が、その試験を受験できる上限ぎりぎりの場合があります。今年不合格だったら、もう係長試験は受験できない、もう課長にはなれないなど、「ラストチャンス」と呼ばれる上限年齢ぎりぎりに受験する職員もいます。

もちろん、これまでに受験しても合格できなかったというケースもあります。しかし、上限年齢近くになって初めて受験するという職員も実際にいるのです。こうした受験者の場合、どのような点に注意したら良いでしょうか。

▶ 「なぜ、今になって受験したのか」にきちんと答える

第一には、志望理由です。

こうした受験者の場合、一般的には若いときには受験せず、年齢を重ねてからの受験ということになります。もちろん、若いときから受験し続けて、合格できずにいつの間にか上限年齢になってしまったということも、制度上はあり得ます。しかし、実態として、そうした職員は恥ずかしくて途中で受験をやめてしまうことがほとんどです。このため、ここではそうしたケースは除いて考えることとします。

さて、上限年齢ぎりぎりの受験者に対峙した面接官としては、「なぜ、今になって受験したのか」「これまで受験してこなかったのに、なぜ急に受験したのか」というのが、偽らざる思いです。このため、

まずは、この点をきちんと説明できることが必要です。この質問は、必ず聞かれるでしょう。

もちろん、その回答は「この年齢になり、ようやく係長として仕事をしたくなりました」などで構いません。しかし、「もう少しで定年を迎えますが、一般職員のままでは格好がつかないので」「さすがに給料が少ないので、今回受験しました」などの本音トークは厳禁です。

❯ やる気を見せる

第二に、職務への意気込みです。

こうした受験者は、「急に係長の魅力に気づいたので、受験しました」ということはなく、実際には「世間体もあるし、そろそろ受験しておくか」などの消極的な理由であることが多いかと思います。

面接官も、そのことは何となく気づいています。しかし、受験者の本音がどうであれ「本当に昇任したら、きちんと職務をこなしてくれるだろうか」と不安に思っているのです。このため、昇任後、どのように仕事をするのか、もしくはしたいのかが質問されます。

こうした質問に対し、受験者はきちんと答えられるようにする必要があります。ここで、仕事に対するやる気を感じられないと、昇任は難しいでしょう。できるだけ具体的に、面接官がイメージできるように仕事ぶりについて答えることが必要です。

ここがPOINT💡

受験年齢が上限ぎりぎりに近い場合は、志望理由や昇任後に何をしたいのかを聞かれることが多い。

03 受験回数が 1回目の場合

▶ 受験回数1回目には2つのパターンがある

受験回数が1回目の受験者は、大きく2つに分かれます。

1つ目は、優秀と呼ばれる職員で年齢も若い場合です。

2つ目は、ある程度の年齢になって受験を決意して、初めて受験する場合です。前者の場合は、事実かどうかは別にして、「若くて優秀」などのレッテルが貼られていることが多いのですが、後者の場合であっても1回目の受験であることには違いありません。

この受験回数が1回目の受験者には、どのような点がポイントなのでしょうか。

▶ 幅広く質問される

第一に、幅広く質問されるということです。

1回目の受験であれば、面接官は「お手並み拝見」といった感じで、受験者に対峙します。志望理由、昇任後の仕事への抱負、理想とする係長（課長）など、幅広い視点で、検証したいと思っています。

言い方は悪いのですが、やはり1回目の受験者を不合格にすることは、受験回数2回目以降の受験者を不合格にすることより、面接官の罪悪感は少ないのです。これは想像していただければおわかりだと思うのですが、連続して不合格にするより、「彼（女）は1回目だから、今回合格できなくても、次があるだろう」という心理が面接官には働いてしまうのです。しかし、だからといって初受験の

受験者は不合格になりやすいというわけではありません。反対に合格しやすいと言っても良いかもしれません。

　なぜなら、こうした受験者は受験回数２回目以上の者よりも、モチベーションが高いことが多いからです。先のような面接官の心理を、吹き飛ばしてしまうくらいのやる気を持っている受験者がほとんどなのです。このため、正確な数値はありませんが、受験回数１回目の方が合格している率はおそらく高いのではないでしょうか。

　以上のことから、面接官から幅広く質問がきたとしても、それに十分対応できるだけの回答をして、やる気を見せることを心がけて下さい。

▶ 厳しい質問が多い

　第二に、厳しい質問が多いということです。

　これは先ほど述べた「お手並み拝見」のとおり、面接官は、どこまで受験者が耐えられるかを見極めたいと思っています。このため、質問も少々厳しくなりがちです。

　受験者からすれば、ここでボロを出してしまうと、一気に面接官に不安を感じさせてしまうので注意が必要です。多少、圧迫面接のようなことがあっても、やはり高いモチベーションで乗り切るのです。何とか答えをひねり出し、「自分は未熟ですが、頑張ってやっていきます」という姿勢を面接官にアピールすることが必要です。

ここがPOINT💡

> 受験回数１回目の受験者には、幅広い質問と厳しい質問が待っている。しかし、高いモチベーションで乗り切る。

受験回数が
2回目以降の場合

❯ 3回以上不合格であれば、自己分析が必要

　受験回数が2回目以降の場合も、大きく2つに区分できます。受験回数が、4回目未満か4回目以上かです。

　正直にいえば、4回目以上の受験、つまり3回以上不合格となっている場合は、かなりの自己分析が必要です。仮に、昇任試験に筆記と面接があり、筆記だけで不合格となっている場合は、これは単に知識が不足しているということですから、そこを補強するしかありません。

　しかし、面接だけで3回以上不合格になっている場合は、これは面接試験の出来不出来の問題でなく、日頃の仕事ぶり、上司への対応など、職務全般を見直すことが必要です。上司が「彼（女）はとても昇任させられない」と思っているようでは、残念ながら、合格することはほぼ不可能です。

　現在は、昇任試験を受ける人が少ないため、不合格が続くということは何らかの原因があるはずです。まずは、その点を確認するようにして下さい。これをふまえて、以下では主に、2回目・3回目の受験者を対象に整理していきたいと思います。

❯ 過去の失敗を分析する

　まずは、過去の面接の失敗を分析することです。

　「厳しい質問に沈黙してしまった」など、過去の面接で何らかの課題があったはずです。そこを深掘りして検討することが必要です。

ただ、受験者本人がその失敗に気づいていない場合もあります。面接自体は問題なく終わったように見えるものの、実は面接官が受験者の回答に納得していない場合です。

　例えば、「課長から急な指示があり、緊急的な対応が必要になった。しかし、部下からは業務を抱えていて、とても対応できないと言われた。係長のあなたはどうしますか」といった質問です。

　これに対して、「何とか説得します」のような表面的・抽象的な回答では面接官は納得しません。しかし、どんなに再質問しても、受験者が適切な回答ができないと、面接官も途中で諦めてしまうのです。こうした回答が不合格の原因になるので、注意が必要です。

▶ 昇任への意欲を見せる

　次に、昇任への意欲を見せることです。

　2回目以降の受験であれば、どうしても「今回も不合格だったら、どうしよう」と思ってしまいがちです。こうした不安感や自信のなさがそのまま面接官にも伝わってしまうのです。

　これでは、とても合格にはつながりません。「今回こそが、自分の最大限の力を発揮できるときだ！」と自分に言い聞かせるつもりで、試験に臨むようにして下さい。

　面接では、熱意もやる気のなさも面接官に伝わります。

ここがPOINT💡

過去に3回以上不合格であれば、まずは自己分析を。2回以下であれば、これまでの失敗を検証するとともに、やる気を見せる。

05 積極的な性格の場合

▶ なぜ性格をふまえて質問を変えるか

受験者の性格をふまえて、面接官は質問を変えてきます。

当然のことですが、昇任すると、業務のマネジメントはもちろんのこと、住民や議員対応、大量の業務や緊急事態の発生、人間関係のトラブルなど、ありとあらゆる事態が想定されます。こうした対応に正解はありません。受験者が、それに対して具体的にどのように対応するかが大事なのです。そのためには、どうしても受験者の性格をふまえた質問になります。

ここでは、大きく分けて積極的な性格と消極的な性格の2つに分類して考えてみましょう。

▶ 積極的でも、緻密さを忘れない

積極的な性格の職員は何事も前向きに捉える一方、細部を詰めていなかったり、周囲の職員と歩調を合わせられなかったりすることが少なくありません。そこで、次の2点に留意しましょう。

第一に、緻密さに注意することです。

例えば、「課長から、新規事業を検討するように言われた場合、係長としてどうするか」などの質問があったとします。

この場合、自ら他自治体の状況を調査したり、関係部署にヒアリングをしたり、新規事業の内容に関することはすぐに考えつくと思います。しかし、案外忘れがちなのは、「部下にいかに作業させるか」または「部下をいかにその気にさせるか」という点です。

面接で、いくら新規事業の内容を説明しても、実際に必要となる部下への指導を説明しないと、面接官としては物足りず、回答としては不十分になってしまいます。

これは、あくまでも一例ですが、前向き・積極的な性格は良いのですが、このように一方では細部への詰め（多い例としては、人への配慮）が甘くなりがちという点があるので注意が必要です。

▶ トラブルや失敗への対応

第二に、問題が発生したり、失敗したりしたとき、どのようにフォローするかということです。

前向きかつ積極的に何事も取り組むというのは、とても良いのですが、すべてが順風満帆で問題なく終わるということはなく、トラブルや失敗はつきものです。

先ほどの新規事業の例であれば、例えば、「部下全員から新規事業の検討を反対されたら、どうしますか」とか、「なかなか良い新規事業が見つからなかったら」「財政課から予算化を拒まれたら」など、様々なケースを想定した関連質問が予想されます。こうした質問にもきちんと答えられるよう、十分検討しておくことが必要です。

出鼻をくじかれることはよくあることです。積極的な性格の受験者が、こんなときにめげずにどのように対応するかを、面接官は注目しています。

ここがPOINT💡

積極的な性格の受験者は、緻密さを忘れず、思わぬトラブルや失敗への対応についても考えておくことが大事。

06 消極的な性格の場合

▶ 公務員に多い消極的な性格

公務員には、真面目で、どちらかというと消極的な性格の職員が少なくありません。一方で、「自分が、自分が」と自己主張の強い職員もいますが、消極的な性格のほうが多いように思います。

消極的な性格の受験者は、次のような点に注意しましょう。

▶ 安易に自説を撤回しない

第一に、面接官から突っ込んだ質問があると、あっさり引き下がってしまうことです。

例えば、「部下から『窓口にクレーマーが来ており、助けてほしい』と言われたら、どう対応しますか」という質問をされたとします。これに対して、「クレーマー対応は、職員の対応力向上にもつながるので、すぐに窓口に行かず、まずは部下に対応させます」と答えたとします。そこで、面接官から「部下は、『いや、それは無理です。係長早く来て下さい』と強く言っています。それでも、放っておきますか」などと追及されたとしましょう。

このときに「では、私が係長として対応しに行きます」とあっさり引き下がってしまったら、面接官はどう思うでしょうか。

「少し突っ込まれたくらいで、簡単に引き下がってしまうようでは、実際の場面でも住民や部下に負けて、自分の意見を簡単に曲げてしまうのではないか」「そんなにあっさり引き下がらずに、粘り強く取り組む姿勢を示してほしい」と、面接官は思うはずです。そんな

面接官の期待がわからずに、あっさり自説を撤回しては困るのです。

▶ 完璧を目指さない

　第二に、完璧主義を目指さないことです。

　消極的な性格の職員は、堅実で石橋を叩いて渡るタイプが多く、面接でも、完璧な回答を追い求めがちです。このため、1つの回答を導き出すために、結構時間がかかってしまうことあります。

　確かにその気持ちもわかりますが、面接官との対話ではリズムが大切です。面接官が質問しても、受験者が考え込んでしまい、長い沈黙の後、ようやく回答を絞り出すようなことがあります。しかし、その回答がいかに完璧であっても、リズムがない会話は、面接官にとって苦痛にすぎません。

　まずは、一言「○○だと思います」と述べ、その後に詳しい説明をしたほうが、対話としてはスムーズです。なお、既に述べたとおり、面接官から指摘された際に、簡単に引き下がることはよくありませんが、明らかに間違った考えだったという認識があるときは、「確かに、先ほどの私の発言はおかしかったかもしれません」と素直に白旗を上げてしまうほうが良い場合もあります。

　追及されてもなお、自分の考えを押し通す場合でも、素直に撤回する場合でも、堂々とした態度で受け答えすることが大切です。

ここがPOINT

消極的な性格の受験者は、完璧な回答を目指さない。また、面接官の厳しい追及にもめげないことが大事。

07 官房系職場に在籍している場合

▶ 受験時の職場によって質問内容は異なる

次に、受験時の職場による分類です。職場は、大きく2つに区分できます。1つは、総務、企画、財政、人事など、一般に役所の全般的な取りまとめを行う官房系職場で、内部管理部門とも呼ばれます。もう1つは、福祉、教育、環境、防災などの事業系職場です。厳密な定義ではありませんが、一般に用いられている区分です。

役所ではよく、官房系職場にいると、「エリート」とか「出世コースにいる」などと言われます。しかし、実際に官房系職場だけで異動している職員はほとんどいないと思います。このため、一般的にエリートと非エリートに明確に区分されてはいないでしょう。

一方で、事業系職場にばかり異動し、官房系職場を経験していない職員は存在します。例えば、昇任を望まず、事業系職場のみ希望し、実際にそこに異動している職員もいます。

面接では、官房系職場にいるか、事業系職場にいるかで、質問内容が少し異なります。まず、官房系職場であれば、以下の点に注意しておくと良いでしょう。

▶ 事業系職場の現場実態を理解しているか

第一に、事業系職場の現場実態を理解しているかという点です。例えば、これまで官房系職場しか経験していない職員が「窓口に、モンスタークレーマーが来ました。あなたが、課長ならどうしますか」と質問されたとします。これに対し、「係員も係長も話してダ

メなら、私が説得してみせます」と答えたとしましょう。

　確かに、課長が住民を直接説得する場合もありますが、課長が出ていくのは、最後の最後です。部下の指導育成の観点からも、まずは部下に対応させるのが、事業系職場における窓口対応のセオリーです。このことを理解せず、「部下がダメなら、自分が行きます！」では、面接官は疑問を感じてしまうでしょう。

　このように、事業系職場を経験してこなかった受験者は、事業系職場の実態を理解していることが重要です。

▶ 上から目線に気をつけよう

　第二に、事業系職場を下に見ていないかという点です。

　官房系職場は、「上から目線」になりがちな部署です。例えば、財政課職員が「こんな予算要求してくるなんて、ちゃんと考えているのか」など、事業課を軽視する発言をしてしまうことがあります。

　面接でも、こうした雰囲気を醸し出す受験者がいます。「現在の我が市は、経費節減が至上命題です。このため、すべての職場でマイナス10％のシーリングが必要です」などと、大見得を切ってしまうような発言です。しかし、これも面接官からすれば、「何で、そんな偉そうなことが言えるのか」と感じてしまいます。官房系職場にいるからこそ、事業系職場を慮った発言が大事なのです。

ここがPOINT💡

　官房系職場にいる受験者は、上から目線の発言に注意する。また、事業系職場の現場実態を理解する。

▶ 事業系職場の盲点

　次に、事業系職場にいる場合です。日頃から住民対応に追われているので、接遇などに問題のある職員はあまりいないはずです。ただし、事業系職場で頑張っている人ほど、視野が狭くなったり、自分の職場の範囲内での発想だけになったりしがちです。

　そこで、以下の点について注意が必要です。

▶ 官房系職場の視点を忘れない

　第一に、広い視野を持って、役所全体として物事を捉えているかということです。

　例えば、「あなたの職場の問題点は何ですか」という質問に対し、「現在、市民からの相談を受ける職場にいますが、職員が不足しており、何人も市民を待たせてしまいます。このため、定数増が必要です」と回答したとします。

　この回答は、妥当なように見えますが、面接官からすれば「人員要求をするのか。それは、自分の課長に相談すべき事項であって、面接の回答としてはふさわしくない」と考えてしまいます。これは、予算増、執務室の改善などについても同様です。

　こうした発想は、組合の要求と一緒です。もちろん、切実な要望ということは理解できますが、昇任面接の回答としては不適切です。事業系職場の受験者は、こうした間違いを起こしがちなので注意して下さい。

広い視野で物事を考えるためには、常に相手の立場で考えてみることが大切です。官房系職場は、どのように考えているのか。人事課は安易な定数増は認めない、財政課は費用対効果を検証しない予算要求は認めない、企画課はあらゆる事業に行政改革を求めてくる——このような官房系職場の立場を理解した上で、回答することが大事なのです。

　先の質問であれば、「相談者を待たせないよう、相談の効率化が必要と考えます」という回答であれば、印象は全く異なります。

▶ 現在の事務をいかに改善するか

　第二に、事務や事業の改善について説明できるかということです。

　事業系職場の場合、制度改正や新制度の開始などがないと、事業として、あまり変更することがなく、マンネリ化してしまう場合が少なくありません。

　つまり、事務としてはある程度処理方法が完成されているため、事務改善のポイントがあまりない場合が多いのです。そうすると、職員も前例踏襲になってしまい、今の事務を改善しようという意識が低くなってしまいます。この点を面接官は突いてきます。

　面接官の「現在の事務の中で改善すべき点は？」との質問に対して、「特に何もありません」では、受験者の意識に疑問を持ってしまいます。きちんと説明できることが必要です。

ここがPOINT💡

　事業系職場の受験者は、役所全体の視点を持っていること、また事務改善について説明できることが必要。

第 **5** 章

経験・熱意が伝わる

回答のコツ

面接はやり直しがきかない一発勝負。だからこそ、評価されるための回答の仕方をきちんと予習しておく必要があります。面接に自信のある方もない方も、入念な準備をして臨みましょう。

01 質問されたことを端的に答える

▶ 最初に結論を一言で述べる

面接で最も重要なのは「最初に結論を一言で述べる」ことです。

例えば、「なぜ、係長になりたいのですか」という質問があったとします。この場合、「より広い視野を持って仕事をしたいと思ったからです」と、まず結論を一言で述べ、その後で理由を説明するのが基本です。

しかし、時々「係長には、いろいろな仕事があります。例えば、人材育成です。人材育成には……（略）。次に、課長の補佐です。これは……（略）。このように、係長には広い視野が必要です。自分も、このような視野を持って仕事をしてみたいと思ったので、今回係長を志望しました」といった具合に、最後まで聞かないと回答がわからない発言があります。これでは、質問の回答に該当する部分が出てくるまで、ずっと「結局は何なの？」と面接官はイライラがたまってしまいます。

まずは、質問への回答を一言で述べ、面接官を安心させましょう。最初に結論の一言があれば、面接官は「何でそう思うの？」と次の発言を待ってくれ、面接官を自分の話に引き込むことができます。

▶ 二言目以降の発言は、理由・根拠を説明する

二言目以降は、最初の発言の理由・根拠を明確に説明します。先の例であれば、二言目に「なぜなら、係長は、係や課全体をふまえた視野を持って、仕事に取り組む必要があります。例えば、人材育

成であれば……（略）。また、課長の補佐であれば……（略）。私も
このような視野を持ち、仕事をしてみたいと思ったので係長を志望
しました」と話すと非常に明快です。

　なお、面接官に対して、具体的に説明する場合には「論理的であ
ること」が重要です。上記の例であれば、広い視野を持つ必要があ
ることを、人材育成、課長の補佐などの複数の業務内容の面から説
明しています。このような論理的な説明は、面接官にとっては非常
に聞きやすく、頭に残りやすいのです。

　これは、「部下が指示に従わない場合、係長としてどう対応しま
すか」などの具体的行動を問われたときにも同様で、論理的説明は
非常に有効です。この場合は、「1番目に、部下と話をします。
……（略）。2番目に、上司に相談します。……」のように、具体
的行動を順序立てるとわかりやすいでしょう。

　なお、受験者によくありがちなミスとして、前提や条件設定を細々
と説明することがあります。この例であれば、「その部下が今年異
動してきた職員の場合は……（略）、以前から在籍している職員の
場合は……」と、前提や条件を設定してしまうのです。

　もちろん、こうした前提や条件が必要な場合もあります。しかし、
回答の内容に大きく影響するものでなければ、わざわざ細かく述べ
ることに意味はありません。かえって、回答を複雑にさせてしまう
ので、注意が必要です。

ここがPOINT

　まずは、結論を一言で。その後に、理由・根拠を説明する。

02 再質問への受け答えが 面接攻略のカギ

▶ ファーストアンサーがパーフェクトである必要はない

　面接で最も多いミスの１つに、最初の質問をパーフェクトに答えることを意識しすぎてしまう、ということがあります。これは、真面目な人ほど誤解していると言っても良いでしょう。また、実際に完璧に答えることを推奨している面接対策本もあります。

　しかし、これは間違いです。それよりもその質問の内容について、何回か面接官と受験者との間で対話がなされる中で、いかに内容が深化するか、面接官を納得させるだけの内容になるかが、もっと重要なのです。仮にゴルフで例えるならば、１打目でどこまで飛んだのかという飛距離が重要なのでなく、その１つのホールの中で、いかに早くカップにボールを入れるか、つまり早く面接官を満足させるかが大事です。したがって、ファーストアンサーの完璧さは重要ではありません。

▶ 再質問への回答こそが重要

　そこで重要なのは再質問です。皆さんもご承知のように、面接は単に一問一答が繰り返されるわけではありません。

　例えば、「なぜ係長を志望したのですか」という質問に、「いろいろな視点で仕事がしたいからです」と答えたら、その後すぐに、「あなたの長所は何ですか」と話題転換するような、表面的なやりとりが次から次に展開されるわけではないのです。

　つまり、実際の面接では、「いろいろな視点で仕事がしたいから

です」という回答に対して、「いろいろな視点とは、具体的に何ですか」のように、質問の内容を深めていきます。こうして、面接官は受験者の内面を、より深く知ろうとするわけです。そうすると、面接官に納得してもらうためには、繰り返される再質問にいかに的確に答えるかがポイントになるのです。

また、再質問では内容が深化していくため、それに耐え得るレベルの回答である必要があります。抽象的・表面的でなく、具体的・現実的な内容が求められるわけです。こうした再質問に的確に答えることが、面接攻略のカギです。

▶ 質問してもらいたいことを上手く誘導する

再質問への対策では、「自分が質問してもらいたいことをいかに面接官に質問させるか」が大きなポイントです。「質問してもらいたいこと」とは簡単に言えば、セールスポイントや特長です。

こうしたことを面接官に質問させるには、面接の事前に提出する「面接票」をいかに書くかも大事です。また、これらはパーソナルな部分（長所・短所、自己啓発の方法、これまでの実績など）に関する質問です。「こんなとき、あなたはどうしますか」といった具体的な場面を想定した質問よりも、回答の仕方を工夫しやすいはずです。そこで、どのようにファーストアンサーを答えて再質問を引き出すか、という戦略を練っておくことが大切です。

ここがPOINT💡

ファーストアンサーがパーフェクトである必要はない。それよりも、自分の得意領域に引き込むために、再質問を誘導する。

面接官が納得・同意できる内容にする

▶「答えに間違いがない」だけではダメ

面接官は「この受験者は昇任後のポストにふさわしいか」という視点で受験者の資質・能力を総合的に判断します。彼らの立場で考えれば、欲しいのは、「この人を昇任させても大丈夫だ」という安心材料です。

一方で、受験者の多くは「どうすれば間違った回答をせずに済むか」「不十分な回答をなくせるか」と、減点を恐れています。つまり、いかに減点を減らすかに重きを置いてしまい、どうしたら面接で得点できるかを考えていないのです。

ここに、面接官と受験者の意識の差が存在します。減点を恐れた、一般的でありふれた回答では、冒頭で述べたような感覚を持っている面接官を納得・同意させることはできません。単に「間違いではない」レベルの回答では、「彼（女）なら大丈夫だ」と思わせることはできないのです。

もっと、面接官が納得・同意できる内容にすることが必要です。

▶ 面接官を論破する、言い負かすなどは論外

面接官を論破したり、言い負かしたりするのは論外です。

例えば、こんなケースはどうでしょうか。

「現在、職員による個人情報の漏洩が問題になっています。あなたは、係長としてどのように係員を指導していきますか」などの質問に対し、「毎日、朝会を開催し、その中で係員全員に個人情報チェッ

クシートを配付し、日々の業務のチェックをさせます」などと回答したとします。

受験者としては、係長として個人情報保護のために積極的に取り組むことをアピールしたいと考えていると思うのですが、実際にここまで実施することは、現実的ではありません。

そこで、面接官が「本当にそこまでできますか」と再質問します。これに対し、「やるといったら、やります！」と逆ギレしたり、「絶対にできないとは言い切れませんよね！」と言い負かそうとしたりしたら、どうでしょうか。これでは、面接官に納得・同意してもらうことはできません。面接官は「この受験者は、現実をふまえていないな」と判断して、不合格にしてしまうでしょう。

このように、その場は乗り切れたとしても、最も大事な「合格」という目標は遠のきます。冷静に、相手を納得させることを意識しましょう。

❯ 信念を持ちつつも、謙虚に答える

回答にあたっては、信念を持って答えることが大事です。上記のように、ムキになるのはNGですが、かといってあまり自信がない回答も困ります。「間違いかもしれませんが、私としてはこのように考えており、できるかぎり実施していきたいと思っています」くらいの姿勢で答えれば、面接官の納得度も高まります。

ここがPOINT

回答は、面接官が納得・同意できる内容であること。その場を乗り切っても、納得・同意できない内容では合格できない。

04 暗記に頼らず、質問に即した回答を

▶ 面接の目的は知識の検証ではない

　昇任試験では、筆記試験ではわからない人間性を検証するために面接が行われます。

　例えば、管理職試験の面接では、実際に課長になったときに議会答弁をこなせるか、面接の場で模擬答弁をさせて、答弁能力を検証することもあります。いきなり厳しい質問を受験者に投げかけ、その対応力を見るわけです。

　このように、人間性を見るための面接なのですが、未だに暗記してきた事柄や知識で面接に臨んでいる受験者がいることに驚きます。例えば、次のようなやりとりです。

○**面接官**「あなたは課長としてのリーダーシップについて、どのように考えますか」

○**受験者**「はい、リーダーシップには専制型・民主型・放任型の３種類があります。まず、専制型とは……（略）」

　面接官は、このようなリーダーシップに関する知識を聞きたいのではありません。課長のリーダーシップをどのように考えているのか、どのようにリーダーシップを発揮するつもりなのか、受験者の考えを知りたいのです。ですので、こうした知識を暗記し、披露することは全く意味がありません。

▶ 暗記内容をそのまま朗読しない

　また、志望理由、長所・短所、自己啓発の方法など、パーソナルな質問についても、覚えてきた内容で回答してくる受験者もいます。

　典型的な例は志望理由です。志望理由は、必ずといっていいほど聞かれる質問ですが、これに対してとにかく暗記してきたことを、一言一句間違えないよう答えようとする受験者も案外多いのです。

　こうした受験者は、「待っていました！」と言わんばかりに、面接官と目を合わせず、天井や床を見つめ、暗記した台詞を述べます。

　しかし、これでは面接官は違和感を持ってしまいます。暗記したことをそのまま朗読しても、対話とはいえず、コミュニケーションも成立しません。面接には多少の暗記も必要です。ただし、それを機械的に述べるのでなく、自然な言葉で話すことが求められます。一本調子で朗読されても、面接官にとっては不気味です。

　また、当日の質問に柔軟に対応することが必要です。

　仮に、事前に「あなたの長所は何ですか」という質問への準備をしていたとしても、実際には「あなたの長所はどのように仕事で生かされましたか」と質問されたら、それに合わせて回答をアレンジする必要があります。これを暗記している前者の内容で答えてしまうと、質問と回答が対応せず、おかしなことになってしまいます。

ここがPOINT💡

面接で暗記したことをそのまま朗読しない。あくまで、面接官と会話しながら、質問に即した回答をする。

05 具体的なエピソードは面接官の心を動かす

▶ エピソードは現場感覚が反映され、わかりやすい

面接官が納得・同意できるように回答するためには、具体的なエピソードを語ることが、とても有効です。

例えば、係長試験で志望理由を尋ねられたとします。このときに、「係長は部下育成、課長の補佐、業務のマネジメントなど、非常に幅広い業務を行います。このためには、広い視野を持つことが必要であり、人間的に成長できると考えたからです」という回答も悪くはありません。

しかし、「かつて、私が市民課にいたとき、窓口にいわゆるモンスタークレーマーが来て、本当に困ってしまったことがありました。そのとき、係長が助けに来てくれて……」など、具体的なエピソードから入ると、面接官は思わず引き込まれてしまうのです。「えっ、何？」「それで、どうなったの？」と身を乗り出して聞きたくなってしまいます。

これは、質問の回答が一般的・抽象的でなく、非常に具体的であり、説得力を持っているからです。実際に受験者が経験している内容なので表面的になりませんし、現場感覚が直接感じられるので、聞いている側はとてもわかりやすいのです。

このように具体的なエピソードは、面接官の心を動かす貴重な武器であるといえます。

▶ どのようにエピソードを語るか

　ただし、当然のことですが、すべての質問に対してエピソードを語ることはできませんし、それではかえってエピソードの効果的な使い方にはなりません。では、どのようにエピソードを使えば良いか、少し整理してみたいと思います。

　第一に、どの質問でエピソードが活用できるかを検証することです。面接では、必ずと言っていいほど聞かれる、代表的な質問項目があります。志望理由、係長（課長）として何がしたいか、長所・短所は何か、などです。これらの質問を並べて、想定問答集を作成する際に、どの質問にエピソードを入れられるかを検証するのです。

　第二に、具体的なエピソードの内容の選択です。これまでの経験から、具体的にどんなことが面接でのアピールに使えそうか、顧みるのです。特に注意が必要な点は、面接官の心を動かす内容でなければならないことです。せっかくエピソードを話しても、「だから何？」「そんなこと大した内容ではない」と判断されては困ります。

　第三に、面接官への伝え方です。どんなに良い話でも、その伝え方が悪ければきちんと面接官に伝わりません。このため、話の「オチ」「ポイント」をどのようにするかは重要です。単に自己満足にならないよう、どのように話すかについても事前の検討が必要です。

ここがPOINT💡

　エピソードは面接官の心を動かす武器になる。ただし、どのように話すかは事前に十分検討する。

06 具体的な行動が イメージできる回答を

▶ 昇任後の受験者の行動を、面接官は知りたがっている

　面接官は、「この受験者が実際に係長（課長）になったら、どのように行動するのか」に注目しています。このため、「指示に従わない部下がいた場合、あなたはどのように対応しますか」など、具体的な場面を示して、受験者の考え方を知ろうとするのです。

　質問されるのは、あくまで仮定の場面ですが、受験者の回答の内容が突拍子のないものだったり、そのポストにとって相応しくないものだったりすると、当然面接官は不安を覚えてしまいます。

　受験者からすれば、まだ経験もしていないポストでの具体的行動を説明しなければならないのですから、こうした質問はある意味、酷かもしれません。

　しかし、「自分が係長（課長）になったとしたら」という想像による回答だとしても、あくまで面接官はそれをもとに受験者の適格性を判断します。表面的な回答では、面接官を納得させることはできません。

▶ 行動の細部にも注意する

　具体的な行動を説明するには、その場面が面接官の頭に思い浮かぶくらい、ありありとした内容が求められます。面接官は、回答の違和感や疑問を抱くと、「しかし、それについては議会対応も考慮しなければいけないのでは」とか「本当にそれで部下は納得するだろうか」など、「つっこみ」を入れながら、厳しく追及をしてきます。

しかし、その再質問にも答えることが必要です。

　そのため、できるだけ具体的行動の細部についても説明することが大事です。例えば、管理職の視点であれば、住民対応、議会対応、庁内調整、部下指導の4点について考えておけば、それほど大きな漏れはありません。事故対応、新規事業実施などについては、これらの視点から説明すれば、だいたいカバーできます。

▶ 面接官の厳しい再質問に白旗を上げることも

　なお、課長などの管理職経験者が面接官を務める場合、想像以上に厳しく再質問を繰り返すことがあります。なぜなら、既にそのポストを経験しているので、何が問題なのか、どのように対応したら良いかを熟知しているため、質問しやすいからです。

　ときには、「厳しすぎるのではないか」と思わざるを得ない場合もあります。どうしても答えに窮してしまうときは、「すみません、その点についてはよくわかりません」と白旗を上げてしまうのも手です。なぜなら、完璧に答えるなど無理なのですから。もちろん、すぐに降参してしまっては問題ですが、どうしてもわからないのであれば、「わかりません」と素直に告げれば、面接官もそれ以上追及はしないでしょう。

ここがPOINT💡

面接官がイメージできるように具体的行動を説明して、面接官を納得させる。厳しい再質問には、白旗を上げるのも1つの対策。

理想と現実のバランスが
とれた内容を

▶ 極論はダメ

「係長と係員が対立しているとき、課長としてどのように対応しますか」などの事例質問に対しては、理想と現実のバランスがとれた回答であることが望まれます。

理想は、係長と係員が円滑に業務を行うことですから、「両者によく話し合うように言います」などの回答になるかもしれません。しかし、課長がそう言って収まるぐらいなら、とっくに事態は収拾しているはずです。ですから、「それでも、いがみ合っている場合は、どうしますか」などと再質問されることが予想されます。

このとき、どう答えるかは非常に重要です。「話し合えば、きっとわかり合えるはずですから、話し合いを継続させます」では、面接官としては「本当に両者は理解し合えるのか？」と実効性に疑問を持ってしまいます。

反対に、「話し合ってもムダなので、もうこれ以上どうしようもないと思います」と諦めの回答をしては、課長としての責任放棄となってしまいます。こうした極論の回答は、いずれもNGです。受験者を合格にすることはないでしょう。

回答としては、「厳しい状況ですが、話し合いを継続させます。ただ、まずはそれぞれから私が話を聞き、状況を確認します。その上で、私も同席し、両者を話し合わせます」などの理想と現実の両方をふまえた、バランスのとれた回答が良いでしょう。これならば、どちらかに偏ることはありませんので、面接官も納得できます。

仮に、面接官が「それでも、収まらなかったら、どうしますか」と、しつこく再質問してくるようであれば、「粘り強く対応していきます」などと回答し、面接官の執拗な追及に地道に対応していくしかありません。決して面接官に逆ギレしたり、反論してしまったりしてはいけません。これまでの努力が水の泡です。

▶ パーソナルな質問でも活用できる

理想と現実のバランスがとれた回答を心がけることは、志望理由などのパーソナルな質問でも大切です。例えば、「あなたは、どこまで昇任したいですか」という質問をされたとします。

この答えとして、「私は、今回の係長だけでなく、その先の課長や部長にも興味はあります。しかし、まだ係長にもなっていないので、管理職がどういうものかよくわかっていません。このため、今回、係長になることができましたら、そのときにまた今後について考えていきたいと思います」などのように使うのです。

極論を2つ述べながらも、最終的には第三の選択肢を示した回答になっているため、面接官は「受験者は、よく考えている」という印象を持ちます。ちなみに、こうした説明の仕方は、面接だけでなく、会議での説明や議会答弁などでも有効です。

ここがPOINT

回答にはバランスが必要。理想と現実をふまえた内容で、面接官を納得させる。

08 「ありのままの自分を 知ってもらう」つもりで話す

▶ 面接官は既に受験者を知っている

昇任面接と採用面接との大きな違いの1つに、面接官が事前にある程度、受験者のことを知っていることが挙げられます。

昇任面接では、多くの場合、その自治体の管理職が面接官を務めます。直接受験者と言葉を交わしたことはなくても、管理職であれば評判や実績などについては、何となく知っているものです。仮に知らなかったとしても、職歴などからその受験者のこれまでの評価などは推測できます。それゆえ、昇任面接には採用面接とは異なる難しさがあります。

面接官に、ある程度の人物像が知られているとすると、受験者が面接でどんなに取り繕ってもムダと言わざるを得ません。

例えば、面接官の「部下に対してどのような指導を行っていきますか」との質問に対し、「部下の個性に応じて、丁寧に指導していきます」と回答したとします。

しかし、この受験者の日頃の仕事ぶりが、周囲の職員に気を遣わないものであったならば、面接官は「普段は自分勝手な仕事の仕方をしているではないか」と考えてしまうのです。ですので、日頃の仕事ぶりは、面接以上に重要です。それと共に、面接でどれだけきれいごとを言っても、それはムダということなのです。

そこで、大事なことは、面接では無理して自分を良く見せようとせず、「ありのままの自分を知ってもらう」つもりで話すことなのです。

▶ どのように自分のことを説明するか

これまでの自分の経歴などもふまえ、どのように自分のことを説明するかは、面接の想定問答集を作成するときに、十分検討することが必要です。それぞれの想定質問ごとに細かく、自分の経歴や性格、これまでの行動などを鑑み、どのように説明できるか考えておくのです。

面接の回答が理想論だけになったり、これまでの自分の行動とかけ離れてしまったりしては、面接官は受験者に不信の念を抱いてしまうので注意が必要です。かといって、これまでそんな立派な行動だけをしてきた受験者というのも、おそらく稀なはずです。このため、どのように話せば矛盾がないかを吟味する必要があります。

▶ 実は短所もセールスポイントにできる

ちなみに、実は短所もセールスポイントにできます。例えば、これまで自己啓発など何もしてこなかったにもかかわらず、自己啓発について質問されたとします。

それに対し「これまで、恥ずかしながら自己啓発はほとんど何もやってきませんでした。しかし、今回係長試験を受験するにあたり、自己啓発の重要性が身にしみました。今後は、まず新聞と専門誌の熟読から始めたいと思います」などとすれば、説得力を持ちます。

ここがPOINT💡

面接では、自分を良く見せようとしてもムダ。「ありのままの自分を知ってもらう」つもりで、自分を説明する。

▶ 昇任後につぶれてしまわないか見られている

せっかく試験に合格し、係長や課長に昇任したにもかかわらず、昇任後につぶれてしまう職員が少なからずいます。

例えば、係長に昇任したものの、部下を上手くまとめられず、係の運営ができずに降任してしまうケースや、課長になったのに、議員との関係を上手く構築できず、自ら申し出て係長に戻ってしまうケースなど、様々です。

職員に「多少の困難があっても、何とかやってやるぞ！」という思いがあれば良いのですが、残念ながらそこまで強い意志を持てず、くじけてしまう職員はいるものです。また、昇任者だけでなく、メンタル面で問題を抱えてしまう職員は、年齢にかかわらずとても多くなっているのは事実で、これはどこの自治体でも課題の1つになっています。

こうしたことから、昇任面接でもストレス対応力は重視されます。面接官としても、降任してしまうような不安を覚える受験者を合格させることはできません。

▶ 圧迫面接にも動じない

そこで、管理職試験の面接などでは圧迫面接が行われることがあります。ご存じかと思いますが、圧迫面接とは、面接官がわざと意地の悪い質問や厳しい批判をしたり、威圧的な態度をとったりして、それに対する受験者の回答を評価するものです。

管理職面接では、例えば「議会答弁ができるか」「議員の追及に耐えられるか」「部下から突き上げがあったときに、どうするのか」などの視点から、執拗に質問されることがあります。

　これらの厳しい質問であっても、冷静に対応することが必要です。時折、わざと「そんなことで、本当に議員が納得すると思いますか」「それで、課長として十分な職責を果たしていると思いますか」など、受験者がムッとするような再質問を投げかけてきますが、ここで受験者が冷静さを欠くようでは、困ります。

　面接官はそんな言葉を口にしつつ、内心では「何とか、この質問も上手く乗り切ってほしい」と思っているものなのです。なぜなら、言い方は悪いのですが、たかが圧迫面接でへこんでいるようでは、実際に議会対応や部下指導はできないと考えているからです。ですので、受験者はそんな面接官の心情をくんで、動じずに乗り切ることが大事です。

▶ ストレス解消法も説明できるようにしておく

　また、「あなたのストレス解消法は何ですか」という質問もよくある質問です。これは、心身両面において自分をきちんとコントロールできているかを確認するものです。

　解消法の内容は問わないのですが、「お酒がストレス解消法ですが、時折、飲みすぎて記憶をなくします」などでは問題です。

ここがPOINT💡

　ストレス対応力は面接の重要なポイント。圧迫面接は面接官の本音を考えれば、こわくない。

▶ 面接官に誘導されて、うっかり批判してはダメ

「上司・首長・議員・職場批判は絶対にしない」などと聞くと、「そんなことは当たり前だろう」と考える方も多いと思います。しかし、実はこうした批判をうっかり口にしてしまう受験者は、案外多いのです。

例えば、「あなたの職場の課題は何ですか」という質問に対し、「前例踏襲主義になっており、事務改善を行おうなどの意識が職員にあまりありません」などと言って、職場批判を展開してしまう。

また、「あなたが、『こんな課長にはなりたくない』と思う課長はどんな人物ですか。過去に出会った、そうした上司の例などもあれば話して下さい」といった質問に対し、過去の上司の悪口を延々と述べてしまうなどです。

このように、面接官は「悪い部分を述べよ」と言っているので、受験者はその言葉通り、問題点を述べているわけですが、それがいつのまにか悪口になっているのです。ある意味では、面接官に誘導されて批判してしまうわけです。

もちろん、課題は課題として整理して、その改善点を述べることは重要です。しかし「あの課長はひどかったんです。実は……」などと悪口を言ってしまえば、面接官は面接票の略歴欄を見ながら「きっと、あの課長のことだな」と顔を思い浮かべ、困った顔で受験者の話を聞いているのです。

このように、思わずやってしまう上司批判ですが、これでは面接

官は不安になります。受験者が改善点を話しているならば問題ありませんが、単なる批判では悪口ですから、昇任者の資質として疑問を持たざるを得ないからです。

　昇任試験の論文でも同様ですが、「自分が昇任したい」と言っているにもかかわらず、その組織や上司を批判するのでは困ります。

▶ 事業批判が首長批判になることも

　また、こうした批判の対象は「人」でなく、「事業」の場合もあります。

　例えば、「現在、あなたの課が実施している事業で、改善すべき点があれば教えて下さい」という質問があったとします。この回答として、「現在、敬老祝金として、70歳以上の高齢者に1万円を支給しています。しかし、現在の平均寿命は80歳以上ですから、この事業は現状と合わず、ムダだと言わざるを得ません」のように、正面から行政批判をしてしまうパターンです。

　これが「対象者の見直しをすべきです」ならば建設的ですが、「ムダです」では、現在の事業を批判していることになります。大げさな言い方かもしれませんが、こうした批判は首長の施策を批判していることにつながります。どのような事業であれ、すべての事業は首長が査定して決めた結果です。ですから、首長批判にならないよう注意が必要です。

ここがPOINT💡

　面接官の誘導に乗って、つい上司や職場の批判を言わないようにする。事業批判は首長批判につながることもある。

第 6 章

昇任面接の
基本マナー

面接では、回答の内容だけでなく、外見や見た目が
与える印象にも気を配る必要があります。服装や態
度、所作など、基本のマナーでもったいない減点を
されないように、改めておさらいしておきましょう。

清潔でシンプルな服装を心がける

❯ 面接官は「見た目」で判断する

　昇任面接とはいえ、あくまで試験なのですから、社会人としておかしくない服装をしていくことは基本中の基本です。男性はスーツにネクタイ、女性はスーツ、もしくはジャケットが一般的です。自治体によっては、制服や標準服が指定されている場合であれば、それらを着用しても問題ないです。

　ただし、作業着などは不可です。例えば、土木職や建築職などの場合には、ジャンパーなどが支給されており、一般的にそれらが制服のように扱われていることがあります。しかし、面接でのそれらの着用はやはり疑問です。スーツ等の着用が無難です。

　案外見落としがちなのは、自治体のシンボルマークや市章などのバッチです。管理職が議会に出席するときなどに上着につけているものです。昇任面接の場合、一般職員でもやはりつけておいたほうが良いでしょう。

　受験者の中には、「面接官は面識のある管理職なのだから、かしこまった服装でなくても良いだろう」と甘く考えている人もいますが、それは間違いです。面接官は、受験者の試験に対する本気度を知りたがっています。いい加減な服装であれば、それだけで大きくマイナス点が付けられると考えて間違いありません。

　服装が乱れている、ヨレヨレになっている、などであれば、「この受験者は試験を真剣に考えていない」と面接官は判断します。面接官は「見た目」で判断するものなのです。その意味では、面接室

に入室した時点で、大方の評価が決定してしまう可能性もあります。

　ちなみに、面接の服装については、自治体によってはあらかじめ指定している場合もありますので、念のため、確認しておいたほうが良いでしょう。また、面接の時期によっては、クールビズでOKという場合もあります。

▶ 清潔さも忘れない

　清潔であることも大事です。せっかくスーツを着用しているのに、ヨレヨレだったり、汚れていたりしては面接官の心証は悪くなります。シャツなども含めて、清潔さを忘れないようにして下さい。

　見落としがちな点としては、靴の汚れがあります。ピカピカにしておく必要はありませんが、泥がついていたり、擦り切れていたりしないかチェックしておきましょう。

　また、面接直前には、必ず鏡で全身を確認しておくことをお勧めします。待ち時間が長いとその間にネクタイが曲がってしまい、そのまま気づかないで入室してしまうこともあります。直前には頭髪なども含め、全体的に確認しておきましょう。名札が曲がっていないかなども確認します。あくまで面接は試験ですので、緊張感を忘れないようにして下さい。

　少々細かいですが、胸ポケットにペンやスマートフォンを入れている、シャツを腕まくりしているなどにも注意して下さい。

ここがPOINT💡

　面接官は「見た目」で判断する。面接官が面識のある管理職だからといって、気を抜かない。

02 入室から退室まで、所作も気を抜かない

▶ 入室後、はっきりとした声でハキハキ答えよう

　既に知っている方も多いと思いますが、一般的な入室の流れは次のとおりです。①ドアをノック、②「どうぞ」の声があったらドアを開ける、③「失礼します」と言って入室、④受験番号（もしくは所属など）と名前、そして「よろしくお願いします」と言って一礼、⑤着席を促されたら席に座ります。

　もちろん、これは一例なので、受験番号や所属を言わないなど、事前の指定があればそれに従って下さい。なお、昇任面接の場合は、あまりいないと思いますが、採用面接では、元気さをアピールするため大声で名前などを名乗る人がいます。そんな必要はありません。一般的に聞こえる声の大きさであれば十分です。

　反対に、もごもごと小さい声はNGです。面接官が聞き取れないような小さな声は、受験者の自信のなさを示すことになり、マイナスポイントになります。面接官にきちんと聞こえるように、はっきりとした声でハキハキと答えましょう。

　注意してほしいのは、面接官の質問に的確に答えられず、だんだん声が小さくなってしまうことです。入室したときには、はっきりと話していたのに、面接官に厳しく質問され、だんだん声が小さくなり、最後には聞こえなくなってしまうようでは困ります。最後まで、声の大きさに注意することが大切です。

▶ 退室まで笑顔を忘れない

　誰しも面接には緊張すると思いますが、顔がひきつったり、「〜であります！」のような不自然な言葉遣いになったりしないように注意しましょう。できれば「普段話さない管理職と会話を楽しむ」くらいの気持ちで臨むと良いと思います。「とてもそんな風には考えられないよ」という方もいると思うのですが、できるかぎりリラックスして面接に臨みたいものです。

　そのためには、笑顔を心がけましょう。面接開始時には、面接官も緊張を和らげるために、言葉をかけてくれるものです。それに応じて、明るく答えるようにします。「少し緊張しているみたいです…」と自分から言ってしまうのも手かもしれません。

　面接官の厳しい質問にだんだんと笑顔がなくなり、しかめ面になったり、顔が硬直したりする受験者がいますが、これでは困ります。また、厳しい面接官の質問に「そんなことはありません！」「自分はそのようには思いません！」など、激しく反論し、面接官と言い合いになってしまう人もいます。面接官は受験者を試すためにわざと意地悪な質問をしてくるので、それに乗ってはいけません。

　面接の終了が告げられたら、立ち上がり「本日はありがとうございました」と言って一礼します。そして退室時には、「失礼します」と言って、再度一礼してドアを閉めます。

ここがPOINT

　入室・退室の一連の所作は決まっているので、あらかじめ確認しておく。また、面接中は笑顔を忘れずに。

03 まっすぐ前を向き、相手の目を見て話す

▶ 面接に落ちる人の特徴

　面接で不合格になる受験者に最も多い特徴が、「まっすぐ前を向き、相手の目を見て話すことができない」ことだと言ったら、皆さんは驚くのではないでしょうか。

　しかし、実際にはこれが事実なのです。面接官の方を向かず床ばかり見つめて答える、顔は面接官に向いているものの視線を合わせない、ひどい場合には目をつぶって答えるなど、本当にそうした受験者の姿には驚いてしまいます。

　もちろん、受験者の心情も理解できます。面接という緊張した場面、面接官の厳しい質問、何とか答えなければという焦りなど、受験者が緊張する理由はいくつもあります。

　しかし、面接は対話で成り立っています。対話は、人と人とのコミュニケーションですので、ただ受験者の回答の中身が素晴らしければ良いのではなく、答え方にも注意が必要だということはおわかりいただけると思います。いかに内容が完璧であっても、それが床を見つめたままの回答では、面接官は不気味に感じてしまいます。

　既に、地方公務員としてある程度経験を持っている人ならばおわかりと思いますが、「まっすぐ前を向き、相手の目を見て話す」ことは最低限のルールです。もし、目を見て話すことが苦手という自覚があるならば、普段から、仕事中でもプライベートでも、相手の目を見ることを強く意識しましょう。日頃できないことを、面接本番にできるわけがありません。

▶ リズム良い対話は、キャッチボールになる

　面接では、対話が自然な言葉のキャッチボールになっていることが求められます。

　実際の質疑応答では、受験者が「そうです」「違います」といった答えを繰り返して進むような、単純な一問一答になることはありません。面接官は、「なぜそう考えるのですか」「その理由は何ですか」と再質問で深く掘り下げていきます。受験者の内面をより深く知ろうとするからです。

　このため面接対策としては、それに対応できることが必要です。面接官の最初の質問にいかに完璧に答えるかではなく、さらに続く質問に対しても的確に答えていくリズムが求められます。これもまた、大事なコミュニケーションの1つなのです。

　ですから、言葉のキャッチボールが成立しない面接は、良くない面接ということになります。単に一問一答が繰り返される面接では、面接官は受験者を評価することはないのです。

　例えば、もし回答につまってしまうようであれば、「少し時間をいただいてもよろしいですか」「少し考えても良いですか」と一言断ることも必要です。また、どうしても答えられないのであれば、「すみません。よくわかりません」と正直に答え、会話のリズムを崩さないようにします。

ここがPOINT💡

面接では「まっすぐ前を向き、相手の目を見て話す」。そして会話のリズムを崩さない。

04 背筋を伸ばして、毅然とした態度を心がける

▶ 時間の経過とともに姿勢が悪くなる

　受験者に注意してほしいポイントの1つとして、時間の経過とともに姿勢が悪くなることがあります。

　よく目にするのは、きちんと整っていた足がだらしなく広がってしまう、伸びていた背筋がだんだんと猫背になる、膝の上に置いていた手がダランとなる、などが多いでしょうか。

　「面接が終わるまでは、きちんとした姿勢でいなさい」とアドバイスするのは当然なのですが、そうした形式的な言い方よりも「面接官に失礼のない格好でいましょう」と言った方がわかりやすいかもしれません。時間の経過とともに、緊張が解けてくるので、どうしても姿勢が崩れてきてしまうのが実態だと思います。

　しかし、それはやはり面接官に失礼ですし、面接に対する姿勢としては疑問です。ですから、形式的にかしこまっていろ、というより、先の面接官に対するコミュニケーションと同様に、コミュニケーションをとっている相手に失礼のない姿でいるようにして下さい。

　面識のある管理職が面接官だからこそ、だんだん話し方も姿勢も崩れていってしまう受験者が多いのが実態です。面接官が親しい管理職の場合もあるかもしれませんが、あくまで面接官なので、日頃のお付き合いとは区別して対応することが大事なのは言うまでもありません。

▶ 難しい質問にも毅然と答える

　また、毅然とした態度も大事です。面接官が質問しても、自信なさげにボソボソと小さい声で床を見て答える、難しい質問に黙ってしまう、「〜だと思うのですが、間違っているでしょうか」などと答えがはっきりしない、などの態度では、とても面接官は自信を持って、受験者を昇任させることはできません。

　面接官を「彼ならば係長を任せて心配ない」「彼女は課長としてやっていける」といった気持ちにさせるためには、やはりはっきりとした回答と態度が必要です。

　ただし、回答の内容が「はったり」ではダメです。「本当に実現できるの？」と思わせるような内容では、やはり面接官は受験者の資質に疑問を感じてしまいます。いくら毅然とした態度だからといって、根拠のない自信では困ります。

▶ 身振り手振りは一所懸命の証

　ちなみに、たまに「話していると、どうしても手が動いてしまうのですが大丈夫ですか」と相談されますが、これはOKです。相手に理解してもらおうと身振り手振りで話すことは、一所懸命の証でもあり、問題ありません。もちろん、単に動かせば良いというものでもありませんので、その点はよくわきまえてください。

ここがPOINT💡

> 時間の経過とともに崩れていく姿勢には注意する。難しい質問にも毅然と答えよう。

言葉遣いは正しく、
早口に気をつける

▶ なれなれしい言葉遣いは厳禁

　嘘のように聞こえるかもしれませんが、昇任面接では何を勘違いしているのか、なれなれしい言葉遣いをしてくる受験者がいます。

　面接官が面識のある管理職の場合、やってしまいがちなのかもしれませんが、やはりこのような態度はNGです。注意して下さい。なれなれしい言葉遣いをされると、面接官は「試験だということをわかっているのか」と受験者の資質を疑ってしまいます。

　受験者の心情からすると、少しでも面接官との距離を近づけたいという思いから、そんな言葉遣いをしてしまうのかもしれませんが、それでは試験であることの認識の甘さを自ら証明することになってしまいます。

　言葉遣いは正しく、面接官に対し節度ある態度をとりましょう。

▶ 回答が早口で聞き取れない

　また、焦っていて、早口のあまり、何を言っているのかわからない回答をする受験者がいます。「とにかく質問に答えなきゃ」「早く面接が終わってほしい」という思いはわかるのですが、面接官に内容が伝わらなければ意味がありません。

　先に述べたように、面接はコミュニケーションです。面接官に伝わるように、はっきりとわかりやすく説明して下さい。面接官をいかに納得させるか、どうやれば説得できるかを考えながら話すことを心がけましょう。

▶ 管理職試験では、議会答弁ができるかを見ている

なお、管理職試験の場合は、この面接で「この受験者が管理職になったら、きちんと議会答弁ができるか」を見ています。

具体的には、「議員の厳しい質問に戸惑って、押し黙ってしまうことはないか」「きちんと論理的に説明できるか」「質問に対して、誠実に回答しようとしているか」などです。

言い方は悪いのですが、昇任試験の面接ぐらいでつまってしまうようでは、実際の厳しい議員の質問にはとても太刀打ちできません。ですから、この面接の受け答えで面接官が受験者に不安を覚えてしまうと、とても課長などには昇任させられないと判断してしまうのです。

実際に聞いた話では、課長昇任者を選ぶ際、面接を最も重要視しているとのことでした。それは、面接という緊張した場面の中で、実際にどれだけ答えられるかが、議会答弁本番によく類似していることが理由だからだそうです。

確かに、日頃の仕事ぶりや筆記試験の結果がどんなに良くても、議会答弁ができるか否かを判断する方法は面接以外にはありません。ですので、管理職試験の場合は、受験者もそうした点が見られていることをふまえて、面接に臨むようにして下さい。

ここがPOINT💡

なれなれしい言葉遣い、聞き取れないほどの早口はNG。正しい言葉遣いで、面接官に伝わるように、はっきり説明する。

昇任試験
受かる人と落ちる人の面接回答例
〈第1次改訂版〉

2017年10月11日　初版発行
2024年6月24日　第1次改訂版発行

　　　著　者　地方公務員昇任面接研究会
　　　発行者　佐久間重嘉
　　　発行所　学 陽 書 房
　　　　　　　〒102-0072　東京都千代田区飯田橋1-9-3
　　　　　　　営業部／電話　03-3261-1111　FAX　03-5211-3300
　　　　　　　編集部／電話　03-3261-1112　FAX　03-5211-3301
　　　　　　　http://www.gakuyo.co.jp/

　　　カバーデザイン／渡邉雄哉（LIKE A DESIGN）
　　　DTP制作／ニシ工芸
　　　印刷・製本／三省堂印刷

ⓒ地方公務員昇任面接研究会 2024, Printed in Japan
ISBN 978-4-313-21091-2 C2032
乱丁・落丁本は、送料小社負担でお取り替え致します。

JCOPY 〈出版者著作権管理機構 委託出版物〉
本書の無断複製は著作権法上での例外を除き禁じられています。複製される場合
は、そのつど事前に、出版者著作権管理機構（電話03-5244-5088、FAX03-5244-
5089、e-mail: info@jcopy.or.jp）の許諾を得てください。